Wissenschaftliche Texte auf Englisch schreiben

Ein Leitfaden

Wissenschaftliche Texte auf Englisch schreiben

von Dirk Siepmann

Ernst Klett Sprachen
Stuttgart

1. Auflage 1 5 4 3 2 | 2022 21 20 19 18

Internetadresse: www.klett-sprachen.de

Autor: Prof. Dr. Dirk Siepmann, Osnabrück

Redaktion: Bettina Höfels
Layoutkonzeption: Eva Mokhlis, Swabianmedia, Stuttgart
Satz: Eva Mokhlis, Swabianmedia, Stuttgart
Umschlaggestaltung: Elmar Feuerbach
Druck und Bindung: CEWE Stiftung & Co. KGaA, Germering

Printed in Germany

ISBN 978-3-12-519637-7

9 783125 196377

Inhaltsverzeichnis

Online-Extra: Muster für den Schriftverkehr

Geben Sie den Code **jd44xg** auf www.klett.de in das Suchfeld ein, um die Downloads zu erreichen.

Scannen Sie den Code mit Ihrem Smartphone, um die Downloads zu erreichen.

Vorwort

Wissenschaftliche Forschungsarbeiten in fast allen Disziplinen werden heute international nur noch wahrgenommen, wenn sie in renommierten Zeitschriften in englischer Sprache publiziert werden. Die dafür notwendige sprachliche Expertise bewegt sich nicht etwa, wie häufig in den Medien und auch in Teilen der Sprachwissenschaften suggeriert wird, auf dem Niveau einer kulturneutralen *lingua franca*, die vor allem der Verfolgung praktischer Zwecke dient. Vielmehr geht es um den Erwerb einer komplexen Wissenschaftssprache, die auf der englischen Gemeinsprache und der englischsprachigen Wissenschaftskultur aufbaut (vgl. Thielmann 2009: 304-305). Vielen deutschsprachigen Wissenschaftlern geht das Schreiben in der Wissenschaftssprache Englisch daher nicht leicht von der Hand; häufig sind sie im Unklaren über spezifisch englische Vertextungskonventionen sowie lexikalische und grammatische Besonderheiten des Englischen. Beides trägt dazu bei, dass sie gegenüber Muttersprachlern des Englischen benachteiligt sind.

Das vorliegende Buch möchte diese Nachteile kompensieren helfen. Es versteht sich als ein Leitfaden für das Schreiben in der Wissenschaftssprache Englisch für alle Disziplinen, der in gleichem Maße auf praktischer Schreib- und Lehrerfahrung und wissenschaftlicher Durchdringung des Themenbereichs beruht.

Der Leitfaden gliedert sich in **drei Teile**: im ersten Teil werden die grundlegenden **sprachlich-rhetorischen Merkmale** eines wissenschaftlichen Standardartikels vorgestellt, im zweiten **typische Schreibprobleme und Strategien** zu deren Lösung; ergänzt werden diese Ausführungen durch umfangreiches Übungsmaterial. Der dritte Teil liefert leicht nachzuahmende Muster für das Verfassen **wissenschaftsbezogener Korrespondenz** und steht als Vorlagenapparat zum Download zur Verfügung. Die gewählte Gliederung ermöglicht einen vielfältigen Einsatz des Leitfadens – unmittelbar bei der Erstellung von wissenschaftlichen Arbeiten, zum Selbststudium in Vorbereitung auf Publikationen und im Rahmen von Englischkursen für unterschiedliche Fachrichtungen.

In dem Bemühen in möglichst knapper Form zu vermitteln, was die Besonderheiten des englischen Wissenschaftsstils aus deutscher Sicht ausmacht und wie die Hauptschwierigkeiten deutscher Schreiber in diesem Bereich überwunden werden können, grenzt sich der Leitfaden damit einerseits gegen die zahlreichen reinen Wortschatzsammlungen, andererseits gegen die anglo-amerikanischen Stilführer („style guides") ab, deren sehr allgemeine Empfehlungen dem nicht-muttersprachlichen Schreiber häufig nur wenig hilfreich sind. Ebenso wurde versucht, einen wissenschaftlich vertretbaren Mittelweg zwischen größtmöglicher Verständlichkeit und allzu schlichter Popularisierung einzuschlagen. Besondere Schwierigkeiten bereitete dabei der Anspruch, möglichst **vielen Disziplinen** gerecht zu werden. Sicherlich ist daher aufgrund der leichteren Standardisierbarkeit des Sprachmaterials im ersten Teil ein gewisser Schwerpunkt auf die empirischen Disziplinen gelegt worden; der zweite Teil mit seinen zahlreichen Hinweisen zu selbst von Anglisten mitunter vernachlässigten Feinheiten des wissenschaftlichen Sprachgebrauchs bietet dagegen Überlegungen und Exemplifizierungen, die in gleichem Maße für hermeneutische Auslegungen und Argumentationen von Nutzen sind. Innerhalb des gesetzten Rahmens von 176 Seiten konnte leider nicht alles Platz finden, was der Schulung im Wissenschaftsenglischen dienlich sein kann.

Eine Besonderheit dieses Leitfadens besteht darin, dass – von wenigen Ausnahmen abgesehen – das gesamte verwendete Beispielmaterial **authentischen Quellen** entstammt oder sich eng an authentische Beispiele anlehnt. Dies gilt nicht nur für die Sprachboxen im ersten Teil, sondern auch für die Beispiele aus fehlerhaften Texten im zweiten Teil. Für diese wertvollen Beiträge und für die immer anregenden Diskussionen gilt mein Dank vor allem den Teilnehmern meiner Schreibseminare, die ihr Material zur Verfügung gestellt haben; für die Verfügbarmachung besonders umfangreichen Textmaterials danke ich Dr. Jan Krähling, PD Dr. Dagmar Ellerbrock, Dipl.-Ing. Tobias Beutel und PD Dr. Nicole Schupp. Wertvolle Ratschläge und ergiebige Gespräche über sprachliche Fragen verdanke ich meinem langjährigen Freund und Kodozenten John D. Gallagher. Das Buch enthält auch originäre Forschungsergebnisse des Autors, die hier zunächst in didaktisierter Form eingegangen sind (z. B. Einheiten 2, 4 und 8 in Teil 2).

Lotte, im August 2012
D. Siepmann

1 Sprachhandlungen in wissenschaftlichen Artikeln

Einleitung

Die Ausführungen in diesem Kapitel und das hier dargebotene Sprachmaterial beziehen sich in erster Linie auf das Verfassen von wissenschaftlichen Zeitschriftenartikeln. Sie lassen sich jedoch in leicht abgewandelter Form ebenso gut auf Artikel in Sammelbänden, auf Enzyklopädieartikel, auf Forschungsanträge und auf längere wissenschaftliche Arbeiten (Bachelor- und Masterarbeiten, Dissertationen, Habilitationsschriften) anwenden.
Unter den Oberbegriff „wissenschaftlicher Zeitschriftenartikel" fallen verschiedene Varianten dieser Textsorte, wie z. B. die Experimentalstudie, der Übersichtsartikel, der Fallbericht und der erörternde Fachartikel (vgl. Gläser 1990: 71). Die in den redaktionellen Richtlinien vieler Fachzeitschriften empfohlene Grobstruktur von Fachartikeln folgt dem sogenannten **IMRaD-Schema** (Introduction-Methods-Results-[and]-Discussion); eine besonders häufige Variante (z. B. in Teilbereichen der Betriebswirtschaft oder im *Systems Engineering*) stellen Arbeiten dar, in denen der Literaturüberblick aus der *Introduction* ausgegliedert wird (**ILMRD**, vgl. Lin/Evans 2011).
Beim Verfassen wissenschaftlicher Zeitschriftenartikel auf Englisch kommen bestimmte **Leitprinzipien** zum Tragen, die hier mit den für das Deutsche geltenden Prinzipien kontrastiert werden sollen:

1. **Adressatenorientierung**: Der Autor trägt die Verantwortung dafür, dass sein Text für den Leser in jedem Detail absolut verständlich ist (engl. *writer responsibility*). Dabei strebt er größtmögliche Explizitheit an, auch wenn teilweise Überlegungen vorgetragen werden müssen, die der wissenschaftlichen Gemeinschaft wohlbekannt sind (Bachschmidt 1999); sprachlich geschieht dies durch den verstärkten Gebrauch von *advance organizers* (*There are three options. One is ...; in what follows, I will ...*), von kausalen (*since, as, because*) und konsekutiven (*so, thus, therefore, so/such that*) Verbindungswörtern sowie von Pronomen wie *this, these* und *such*. In deutschen Texten dagegen gilt nach wie vor häufig das Primat der Inhaltsorientierung (vgl. z. B. Clyne 1987).
2. **Argumentationszentriertheit**: Englischsprachige Wissenschaft ist stark auf das Überzeugen, teilweise gar auf die „Werbung" für eigene Erkenntnisse, ausgerichtet. Das neue Wissen wird „in Profilierung am wissenschaftlichen Gegner durch Überzeugungsstrategien durchgesetzt" (vgl. in Bezug auf Einleitungen Thielmann 2009: 316), die die eigene

Position möglichst unangreifbar machen sollen. In deutschen Texten – auch der empirischen Wissenschaften – dominiert dagegen die hermeneutische Darstellungsweise, welche die Verstehenshorizonte von Autor und Leser in einer Folge von Begründungsschritten, die nicht immer explizit im Text ausgewiesen werden, anzunähern versucht (Thielmann 2009: 315-316).

3. **Linearität**: Die Argumentation erfolgt linear, von A nach B, von B nach C usw., ohne Exkurse oder Abschweifungen. Dies gilt auf der Gesamttextebene, der Abschnittsebene und der Absatzebene; auf allen diesen Ebenen ist in englischen Texten darüber hinaus eine gewisse Symmetrie festzustellen (z. B. etwa gleiche Länge von Unterabschnitten). Deutsche Texte dagegen enthalten häufiger Exkurse, sind häufiger asymmetrisch angelegt und enthalten weniger Themasätze (vgl. Clyne 1987, Trumpp 1997).

Info

Die Richtlinien für Autoren des *American Institute of Physics* fassen diese Leitprinzipien in drei Fragen zusammen, die jeder Autor sich stellen sollte:

- *Have I included all the information necessary to convey my message?*
- *Have I given proper emphasis to important ideas and subordinated those of lesser importance?*
- *Is the development of the subject matter logical and complete, free of gaps and discontinuities?*

Diese Leitprinzipien werden im **Schritt 2: *Einleitung*** und in Teil 2 **Sprachliche Probleme und Lösungsstrategien** detaillierter aufgefächert und eingeübt.

In den folgenden Abschnitten wird die sprachliche Struktur der oben genannten **Hauptabschnitte** wissenschaftlicher Zeitschriftenartikel **in sechs Schritten** und den dazugehörigen Teilschritten erläutert; die Reihenfolge der Abhandlung folgt dabei einer didaktischen Logik: begonnen wird mit dem sprachlich einfachsten und forschungsprozessual naheliegendsten Teil *Results*, darauf folgen dann in dieser Reihenfolge *Introduction, Methods, Discussion/Conclusion, Abstract* und *Titel*.
Zunächst wird die Gesamtstruktur bzw. das zentrale Element des jeweiligen Abschnitts in den Blick genommen, dann Detailelemente. Am Ende jedes Schrittes steht jeweils eine größere Übung, mitunter werden aber auch besonders schwierige Teilschritte durch Übungen vollzogen oder abgeschlossen.

Schritt 1: Ergebnisse

Der Abschnitt *Results* (je nach Disziplin oder Zeitschrift auch *Findings*, *Analysis and Results* oder *Data Analysis* genannt) stellt mit bis zu 40% des Gesamttextes häufig den umfangreichsten und wichtigsten Teil eines wissenschaftlichen Artikels dar. Sprachlich und inhaltlich ist dieser Textteil jedoch relativ leicht zu handhaben, da er sich auf die möglichst objektive Darstellung der Befunde unter weitgehendem Verzicht auf inhaltliche Bewertungen beschränkt (stärker interpretative Textteile sind am ehesten bei explorativen Studien angemessen). Daher soll die Formulierung des Ergebnisteils, die schnelle sprachliche Erfolgserlebnisse verspricht, hier an den Anfang gestellt werden.

Um diesen Textteil nicht zu „überfrachten", empfiehlt sich folgende Vorgehensweise, die im Einklang mit den eingangs genannten Leitprinzipien steht:

1. Anordnung der in Form von Tabellen, Grafiken und/oder zusammenfassenden Statistiken vorliegenden Daten in einer sinnvollen Reihenfolge. In vielen Fällen handelt es sich dabei um genau die Reihenfolge, in der die Daten auch gewonnen wurden. (vgl. Leitprinzip 3: Linearität)
2. Ermittlung der zentralen Aussagen, die sich aus den Daten ergeben. Diese sollten in Beziehung zu den Forschungshypothesen bzw. -fragen gesetzt werden. Wenn die Hypothese z.B. lautet: *"Social mobility is a factor of parents' socioeconomic status and schooling"*, sollte der Ergebnisteil zwei Abschnitte enthalten:
   1. Effects of parents' socio-economic status on social mobility
   2. Effects of parents' schooling on social mobility
   Daten, die für die Hauptaussagen bzw. Forschungsfragen des Artikels nicht relevant sind, sollten in dieser Phase ausgesondert werden (vgl. Leitprinzip 3: Linearität).
3. Formulierung von Ergebnisangaben zu den Tabellen und Grafiken. Die zentrale Frage sollte lauten, welche neuen Erkenntnisse gewonnen wurden. Dabei gilt es zum Einen zu prüfen, ob alle Angaben tatsächlich durch Tabellen und Grafiken gestützt werden müssen. Zum Anderen sollten insbesondere Sozial- und Geisteswissenschaftler darauf achten, ihre Daten „zum Sprechen zu bringen", indem sie Ergebnisangaben als leicht nachvollziehbare Aussagen über menschliche Akteure

oder menschliches Verhalten formulieren (vgl. a. Teil 2, Einheit 6; vgl. Leitprinzip 1: Adressatenorientierung); z. B. *Generally, wives devote more time and husbands devote less time to a task as the duration of the marriage increases or if they have traditional values.*

Die unter Punkt 3 soeben angesprochene Ergebnisangabe stellt die zentrale Sprachhandlung des Ergebnisteils dar. Es bedarf keiner großen Stilkunst, Ergebnisangaben zu verfassen; sie weisen gewöhnlich die im Folgenden aufgezählten Merkmale auf (vgl. z. B. Brett 1994).

Ergebnisangaben
(1) Obese participants also had lower reported rates of watching "most or all" of the videos compared with normal or overweight participants (48.2% vs. 57.1% and 62.7%, respectively). (med)
(2) The variance of the house price distribution increased over time in the Chicago metropolitan area, with greater appreciation rates at higher quantiles. (eco)
(3) A significant positive association was found between the degree of homework involvement and achievement. (edu)

Sprachliche Merkmale

- **häufig Präteritum** (past tense: (1) *had*, (2) *increased*);
  häufig Passiv (passive voice: (3) *was found*)

Our results Our analysis This study The logit analysis also We	found	no relationship between … that … evidence of 5 patients with diagnoses of psychoses a wide range of responses …

No evidence		was found	of …
(In aggregate terms) rural areas		are found to be	lagging behind …
No such The largest	effects	are found	for Finland. in …

It		was	shown found observed determined established	that …
Generally Significantly Surprisingly In the initial analysis of …	it	was can be	found observed	that …

- häufig **Vergleiche**

X Mortality in cats	was	(four times) higher lower greater more effective	than Y. that **that in** dogs.
boys	had a higher level of …		than [**did**] girls.
adults	presented with more symptoms		than **did** neona-tes.
X and Y	were significantly	more likely to less likely to	have nut allergy.
differences	were	greater	than expected.
1-Butene oxide (**8**, entry 1) exhibited reactivity comparable to **that of** PO			
compared with/to pre-intervention values, there was a greater increase in rSV			
note, for instance, the sparseness of 2004 observations in the upper-left quadrant **in comparison with** the lower-right quadrant			
… the lesions were **comparatively** mild …			
increased by 23% **relative to** the non-neighbouring category			
in addition, amongst smokers, those who binged more than once a week were **over / more than twice as likely** to smoke more			

Zu beachten ist, dass in vielen empirischen Wissenschaften Vergleiche nur objektive Zahlenangaben enthalten sollten. Adverbien wie *much* oder *considerably* sind dann in der Regel unangebracht; *significant* wird immer als *statistically significant* gedeutet.

In anderen Bereichen ist es auch zulässig, vage Ausdrücke (engl. *hedges*) zu verwenden, mit denen sich der Autor nicht genau festlegt. Hierzu gehören u.a.:
reasonably, relatively, some, somewhat, fairly, in some cases, to some extent

The differences in pre-labour force entry training may **to some extent** be compensated by differences in post-entry learning. (eco)
It was representative of the general adult population for gender but with **somewhat** fewer people under age 30 years (particularly women) and **somewhat** fewer unmarried women. (socio)

- häufig **Zeitangaben** in Kombination mit quantifizierenden Elementen

over time
between 2006 and 2010 from 1998 to 2002
during the late 1960s
up to 2003
increased by 300% (threefold, by a factor of three) a year increased by 300% the year after women were enfranchised
increased to 40% before falling back to 37% in the last years of the decade increased to 40% and then remained flat for the next 20 years
increased from 5000 in 1970 to 8000 by 2010
there has been a threefold (fourfold, etc.) increase in the number of …

Quantifizierende Elemente können selbstverständlich auch allein auftreten; meist ist jedoch ein zeitlicher Vergleich impliziert:

In the 10 cities investigated in more detail, a "bull's-eye" pattern was observed with high rates in inner parts of cities … (eco)
In clinical trials in heart failure, hyperkalemia was observed in 3.8 percent of patients … (med)

- häufig **Beziehungen zwischen Variablen**

A is associated with B
the association / relationship(s) between
There was **no** significant association between chlamydia and aboriginality.
When job insecurity is related to low-quality job tasks, a (statistically) significant (negative / positive) // clear / close / strong // fragile / weak association is found.
There is limited / sufficient / suggestive evidence of an association between X and Y
There were no consistent patterns of association between X and Y.
The unemployment rate is related to the rate of change in wages.
the rate of adoption in each region was positively / negatively // (very) closely / strongly / significantly correlated with the estimated monetary gain from adoption
Its presence has an effect on the development of local preferences.
... had a causal / (in)direct // positive / negative // had some / a consistent / large / significant / sizeable // had little / no significant / only a modest effect on

Wie insbesondere die letzte Tabelle zeigt, sind Konstruktionen mit *there* ein herausstechendes Merkmal von *Results*-Abschnitten. Meistens treten diese nach Verben oder Substantiven auf, die einen Forschungsprozess beschreiben und enthalten eine adjektivisch formulierte Bewertung (vgl. Gledhill 2000: 156):

Forschungsprozess	**there is / are**	**Bewertung**	**empirische Items**
It appears that	there are	considerable	differences
We found that	there is	little	activity
What the table tells us is that	there are	many different	types of ...

Vergleiche enthalten häufig **quantifizierende Elemente**, für die hier einige Beispiele gegeben werden:

Quantifizierende Verben	Quantifizierende Adverbiale
rise, increase, grow, climb, soar; fall, drop, decrease, decline; accelerate, slow down	significantly, considerably, dramatically, substantially; fast, rapidly, steeply; slightly, modestly, moderately; steadily, slowly; two-fold, by four times, etc.; from 4 per cent to 12 per cent; by 6 per cent
remain constant / unchanged / the same; be identical; be unaffected; be higher / lower	
vary	
peak; level off	

[appreciably / considerably / marginally / significantly] higher / lower than
exceptionally / extremely / fairly / particularly high / low
well over / under; far above / below

Anzumerken ist, dass mithilfe dieses Sprachmaterials sowohl objektive als auch subjektive Aussagen gemacht werden können. Die Umwandlung von objektiven Angaben in subjektive geschieht mittels passender Adjektive und Adverbien.

There was a lower IOP initially in the scleral tunnel group.
There was a **considerably** lower IOP in the scleral tunnel group.

In 28 per cent of cases participants responded positively. *Aussageabsicht: dies ist eine beachtliche Zahl* → A **considerable number of** participants responded positively. *Aussageabsicht: dies ist eine sehr geringe Zahl* → **As little as** 28 per cent of participants responded positively.

„viel"	„wenig"
appreciable, considerable, numerous, at least, significant, upwards of, as many as, as much as	a few, as few as, a little, as little as, only, slight, small, negligible, barely, hardly, scarcely

Sieben Hauptkategorien von Sprachhandlungen in *results sections*

Bei genauerer Sichtung von *results sections* fällt trotz einiger fachspezifischer Unterschiede (Bruce 2009) auf, dass einige Hauptkategorien von Sprachhandlungen regelmäßig vollzogen werden (vgl. Brett 1994, dessen fünf Kategorien hier in veränderter Form eingegangen sind):

1. Einbettung in den Forschungskontext
2. Angaben zur Methodik
3. Überblick über die Ergebnisse
4. **Angaben zur Textgliederung**
5. **Verweise auf visuelle Hilfsmittel (Ortsangaben)**
6. **Ergebnisangaben: a) allgemein b) spezifisch: bestätigend oder widerlegend**
7. Kommentare: a) Abgleich mit Literatur und / oder Hypothesen b) Erklärung c) Interpretation

Von diesen Sprachhandlungen sind nur die Ergebnisangaben (6) obligatorisch. In vielen naturwissenschaftlichen und medizinischen Fachzeitschriften treten in der Regel nur die fettgedruckten Kategorien (4, 5, 6) auf. Nicht selten werden mehrere Zyklen durchlaufen, die aus einem oder mehreren Schritten bestehen und meist in der o.g. Abfolge fortschreiten. Die Art der Untersuchung beeinflusst dabei die Struktur der Ergebnisangaben (Williams 1999):

- chronologische Ordnung: nach 5 Wochen, nach 10 Wochen usw.
- hierarchische Ordnung: Gesamtpopulation, Untergruppen
- Steigerung im Signifikanzgrad

Im Folgenden soll auf diese Hauptkategorien näher eingegangen werden. Die zentrale Sprachhandlung der **Ergebnisangabe** wurde oben bereits rudimentär eingeführt und soll hier weiter differenziert werden.

1. Einbettung in den Forschungskontext

Da die Forschungsziele bereits in der Einleitung genannt wurden, ist an dieser Stelle nur ein knapper Rückverweis notwendig, z. B. auf zentrale Hypothesen oder einschlägige Forschung. Dabei sind folgende Konstruktionen üblich:

1. *as* + Partizip Perfekt eines Verb des Sagens (+ Adverb des Typs *above, already, earlier, before, previously, in the introduction, in the preceding*

section): *as already said, as outlined in the introduction, as argued above, as noted*, etc.
2. as + *I/we* + Verb des Sagens (bei persönlichem Stil): *as we mentioned earlier, as I explained above, as we reported*
3. *it* + Verb des Sagens: *it has already been pointed out (that), it will be recalled*

Diese Ausdrucksschablonen werden meist an den Satzanfang gestellt:
***As previously noted**, we test for the effects of a split-rate tax among jurisdictions in Pennsylvania ...*

Daneben finden sich z.B. häufig **erneute Nennungen des Forschungsziels**:

The main / primary / principal / chief	purpose / aim / objective of this study	was to	**determine** the value / properties / probability / weight / mass / amount **examine** the structure / characteristics / implications / issues / processes / behavior **establish** the validity / distribution / presence / existence of ...
Our main / primary / principal / chief	aim / purpose / objective / concern	was to	**provide** a context for the understanding of ... **test** aspects of ...

Weiteres Sprachmaterial, das hier zum Einsatz gelangen kann, wird im Abschnitt zur *Introduction* bereitgestellt (s. Sprachmaterial zu Schritt 3 in Einleitungen).

Häufig anzutreffen sind auch **Verweise auf die Forschungsliteratur**:
It is known / clear / evident / apparent from the literature that ...
As shown by previous / prior research // earlier work, ...
On the basis of evidence from the literature on ...
Most of the literature on ... addresses ...

Weiteres Sprachmaterial hierzu findet sich ebenfalls im Abschnitt zur *Introduction*.

2. Angaben zur Methodik

Diese Angaben nehmen die Forschungsziele wieder auf oder beziehen sich auf die Art und Weise, in der Daten produziert wurden. Nähere Informationen zu ihrer sprachlichen Struktur finden sich in Schritt 3: Methoden.

> To create a monthly weather variable for the cotton belt, we used observations of all weather stations located in North Carolina, South Carolina, Georgia, Florida, and Tennessee. (geo)

3. Überblick über die Ergebnisse

Zu diesem Zweck werden bevorzugt Adverbiale eingesetzt, die eine Verallgemeinerung zum Ausdruck bringen:

Generally speaking, / On the whole, / in most cases / in the majority of cases / Overall, …

Alternativ können ähnliche adjektivische Elemente in einen Satz eingebaut werden. Beispiele:

The overall finding is that …
The general finding, which is discussed in detail later, illustrates that …
The overall / general picture which emerges from our surveys is this. First, …
The overall picture presented in Table 2 is worrying.
The overall results can be summarized as follows: …
What becomes immediately apparent from the data is that learners' overall performance …

Häufig wird aber auch direkt mit einer Beschreibung des Forschungsprozesses begonnen:

The first set of analyses evaluated … / examined … / tested the hypothesis that …

4. Angaben zur Textgliederung

Zur Textstrukturierung stehen vor allem zwei Typen von sprachlichen Mustern zur Verfügung:

a) der Gebrauch eines Adjektivs wie *following* oder *next* mit einem Verb im Präsens
b) die Verwendung von spezifischen Verben, die eine Abfolge kennzeichnen (mitunter in Kombination mit *before* + Partizip oder mit *then/next* + Verb im Präsens). Zwei Beispiele sollen dies veranschaulichen.

Muster a) following (+ results, sections), next (two) (+ sections / paragraphs); Verb im Präsens

> **The analyses in the following sections aim to identify whether multivariate analyses that control for differences in the composition of the temporary workforce equalize these differences.** (eco)
> **The following results relate to silicon masterbatch MB 50-00 1, which has a 50% content of a special high-molecular silicone.** (chem)

Muster b) begin by + V-ing; move on to + V-INF; proceed to + V-INF; conclude by + V-ing; before + V-ing

> **As a benchmark, we begin by defining the first-best collusive outcomes.** (socio)
> **I begin by briefly examining the levels together before explicating the situational factors influencing this apprenticeship. I then explore the interpersonal problems before returning to a discussion of the situational factors.** (edu)

5. Ortsangaben

Mit Ortsangaben sind hier Verweise auf Diagramme, Tabellen u.ä. gemeint.

> **Ortsangaben**
> **(1) This figure reports median bid-ask spreads for the NYSE for the 1885 to 1926 period. One day from each year is sampled.** (eco)
> **(2) The distribution of the key test statistics based on the 1000 repetitions is portrayed in Figs. 1(a)–(b) …** (eco)
> **(3) As demonstrated in Table 2 and Figs 3 and 4, silver is effective against a broad range of antibiotic-resistant organisms …** (med)

Sprachliche Merkmale

Präsens (present tense: (1) *reports*, (2) *is portrayed*); je nach Thema-Rhema-Abfolge (s. Teil 2, Einheit 10) **Aktiv** (1) **oder Passiv** (2); gelegentlich Verweis mit Adverbialsatz mit *as* + Präpositionalgefüge ((3) *as demonstrated in)*

This figure Table 7 The graph below The model	shows displays contains represents demonstrates portrays presents reports illustrates lists plots highlights suggests	the results of cluster analysis performed on … against the instrumental variable
This figure The top part of the table The final rows of the table The bottom of the table	shows demonstrates indicates highlights suggests	that …
The mean differences Only the top 25 fields This information	are (not) shown are (not) included are represented are reported are summarized can be seen is provided	in this table in Fig. 1 in Table A.2
as	shown indicated demonstrated	in this table in Fig. 1 in Table A.2
as	can be seen	from the table above in the table

Wurde die Passivkonstruktion verwendet und soll eine zweite Angabe zu einem Ort gemacht werden, so lässt sich im zweiten Satz eine Inversion einsetzen:

… is provided in Table A.2. Also indicated in that table is the number of census tracts identified in each metropolitan area in both 1950 and 2000.

6. Ergebnisangaben

Wie oben bereits ausführlich dargestellt, treten Ergebnisangaben in drei Hauptvarianten auf: **1) Vergleiche, 2) Zeitangaben mit quantifizierenden Elementen, 3) Angaben zu Beziehungen zwischen Variablen.** Natürlich treten diese Varianten nicht immer in Reinform auf; in den folgenden Beispielen liegt eine Mischung von Typ 1 und Typ 3 vor.

When compared with women with no psychological morbidity, symptoms of co-morbid anxiety and depression were associated with young maternal age, not being married and not having completed secondary school. (psy)
Compared to the control group, plasma insulin increased on average 8- and 12-fold, respectively. (med)

Ergebnisangaben lassen sich in **allgemeine** (Beispiel 1 unten) und **spezifische** (Beispiele 2 und 3) unterteilen. Spezifische Ergebnisangaben dienen dazu, weitere Ergebnisse anzuführen, die das bereits in der allgemeinen Ergebnisangabe genannte Ergebnis bestätigen und/oder zusätzliche Ergebnisse anführen (2) oder diesem widersprechen (3).

(1) A significant effect was apparent at 10~Hm which increased progressively at higher concentrations. (biochem)
(2) The result is corroborated by a lower quality of final solutions for those dyads that did not work individually at any time. (edu)
(3) However, this effect is generally small and is probably only important on soils where the Mg status is low. (crop and horticultural science)

Wie aus (3) ersichtlich, werden widersprüchliche Ergebnisse dabei gewöhnlich mit entsprechenden **Signalwörtern** hervorgehoben (*however, nevertheless, exception, it should be noted that, it is striking that*):

It was, however, noted that the chips produced from oils and antioxidant had lower TB A values. (biochem)
Nevertheless this effect was probably due to age differences for the attitude measured. (socio)

Besonders üblich ist die Verknüpfung mehrerer aufeinanderfolgender Ergebnisangaben des Typs 1 (Vergleiche). In folgendem Beispiel aus der Medizin werden nach einer allgemeinen Aussage in einem Themasatz (vgl. Teil 2, Einheit 13) mehrere spezifischere statistische Angaben gemacht:

Ten of the 15 patients (67%) died after development of unusual metastasis. Four patients were treated successfully with resection and radiation of their metastatic lesions and remained disease-free at an average of 6 years (range, 2-13 years). Each of these 4 patients had a recurrence that was in the same extremity but remote from the initial tumor site and therefore was not considered a local recurrence. (med)

7. Kommentare

Kommentare lassen sich in drei Hauptkategorien einteilen: **1) Ergebnisabgleich, 2) Erläuterungen der Ergebnisse, 3) Interpretation der Ergebnisse.**

Typische Formulierungen für Typ 1, bei dem Bezug auf Ergebnisse anderer Autoren oder eigene Hypothesen genommen wird, sind:

As expected / predicted / anticipated / reported Consistent with / in keeping with / in line with	by Miller (1999) prior / previous research	age was found to have no …
The findings obtained here The results The data	are in / show good / fair / full agreement with agree fully / reasonably well / fairly well with are in accord with are parallel to are (almost) identical with are (quite) similar to are (reasonably / highly) consistent with are not dissimilar to	existing results / evidence / predictions the results of previous research
These findings	compare favourably / closely / well fit (well / nicely)	with …

This finding	[strongly independently definitively unmistakeably largely indirectly generally]	confirms / corroborates
These data These findings	further closely / broadly / partially	substantiate match
These results	provide	[strong / striking] confirmation of ... the first demonstration that ... clear evidence that

There is	some / a certain / a slight disagreement with	existing results
The findings obtained here The results presented here	are (highly / clearly / somewhat) inconsistent with do not match do not agree with do not (seem to) fit with contradict	existing results / evidence / predictions

Wie aus den obigen Beispielen ersichtlich, wird in Angaben dieser Art generell das **Präsens** verwendet, wenn die Ergebnisse als allgemein anerkannt gelten können. Das **Perfekt** (*present perfect*) findet sich ebenfalls gelegentlich, vor allem wenn auf Untersuchungen jüngeren Datums verwiesen wird, deren Status noch nicht gesichert ist:

Simmonds has reported that stride length is decreased for these individuals. (bio)

Wird das **Präteritum** (*past tense*) eingesetzt, so kann dies einfach einer nüchterneren Darstellung der Fakten zuträglich sein, andererseits aber auch die geringe heutige Relevanz oder Widerlegung früherer Studien andeuten (vgl. a. Teil 2, Einheit 16):

> Elliott and Voss (1974) found that the effect of deviant peer association is conditioned by the relationship between adolescents and parents. (edu)

Interessant ist auch der Gebrauch der Modalverben *would* und *should* zum Ergebnisabgleich, wodurch indirekte Kritik und auch Selbstkritik geübt werden können:

> Yet the decision analysis showed that the model would not be of value, except in what is probably the rare case of an individual with a relatively high risk threshold. (psych)
> Generally, the disagreement between observers was such as to suggest variation in judgment rather than lapses of judgment, so that averaging of readings rather than selection of readings should give results of greater relevance and closer accord with what other readers might have obtained. (edu)

Ergebniserklärungen des Typs 2 können sehr unterschiedliche Formen annehmen, enthalten jedoch in der Regel Kausalattribuierungen, die mithilfe von Kausalverbgefügen (*account for, be attributed to, be due to,* usw.; s. Teil 2, Einheit 6) oder Präpositionsgefügen (*as a result of, as a consequence of, in terms of*) realisiert werden. Es ist generell empfehlenswert, Erklärungen unter Verwendung von *hedges* (*appear, seem; may/could be due to/ account for; likely; possible, potentially* usw.; vgl.Teil 2, Einheit 17) vorsichtig zu formulieren:

> There are several possible explanations for these results.
> [Ergebnisangabe] **This** may have been caused by damage to the blood vessels. (med)
> **This** could explain the increase in trans unsaturated fatty acids at matric water
> potentials of – 1.0 MPa (Fig. 2 to 4); however, **this** does not explain …
> (biochem)
> **This** is not too difficult to understand if one considers that in order to obtain adhesion between two metal specimens a certain amount of mechanical energy has to be put into the system. (eng)In two of these nine cases, excessive uterine activity appeared to be the cause of the decelerations. (med)

Such findings indicate that interaction among students is an important factor in the success of Web-based courses. (edu)
An alternative explanation is that individuals select mates who share their political views. (socio)
Alternatively, this result may be explained by the significant relationship between ...
Another possibility is that the effects of suppression could apply equally to both signal and noise. (bio)

Man beachte, wie *this* regelmäßig dazu verwendet wird, eine Erklärung einer vorausgehenden Resultatsangabe einzuleiten.
Gedachte Bedingungen wie im zuletzt zitierten Beispiel führen zum Gebrauch von *would* in Folgesätzen:

As this **would** not change the signal-to-noise ratio, detection thresholds **would** be unaffected by the suppression but perceived contrast **would** be, assuming that perceived contrast depends on signal strength. (bio)

Ein verbreitetes Muster in Erläuterungen ist die Verkettung eines Satzes, der mit *the fact that* eingeführt wird, mit einer Kausalattribuierung (vgl. Gledhill 2000: 152):

The fact that tangential alcoholics represent the least frequent alcoholic career pattern **might be due to** an underrepresentation of this category of data. (socio)

Interpretationen ähneln Ergebniserklärungen, mit dem Unterschied, dass Erklärungen eher auf kausale Implikationen und Interpretationen eher auf Folgen oder Konsequenzen abheben. Beispiele für Typ 3:

Under these conditions, therefore, uptake of [14C]thymidine appears to be an adequate measure of mitotic response to FSH. (biochem)
The resulting pendant functionalities provide an opportunity to tune the properties of these polyesters: for example, nucleophilic displacement of the alkyl halide can be envisioned for the epichlorohydrin-derived polymer. (chem)

Typ 2 und Typ 3 treten besonders häufig in folgenden Ausdrucksschablonen auf:

This	suggests / indicates / shows / implies / means (would) seem to suggest / indicate / imply / makes it possible to conclude	that …
These findings	support discredit confirm contradict	the assumption / belief / claim / expectation / hypothesis / idea / notion / proposition / view that … the explanation suggested by …
The results	enable / allow us	to establish a relation between to provide an explanation for to account for
It could / may be	concluded / inferred / said / speculated / suggested	that
(Extrapolating from these findings,)	it may be assumed / presumed it seems plausible	that
It is	apparent / evident / conceivable / logical	that

Darüber hinaus besteht im persönlichen Stil natürlich auch die Möglichkeit, Wendungen wie "we conclude that" (zur Zusammenfassung von Resultaten) oder "we believe that" (zur Bewertung von Resultaten) einzusetzen (Gledhill 2000: 162).

Übung 1

Stellen Sie sich vor, dass Sie gerade ein Forschungsprojekt abgeschlossen haben, das die Effektivität verschiedener Vokabellernstrategien beim Erlernen von Äquivalenzen zwischen deutschen Einzelwörtern und ihren Entsprechungen in einer Kunstsprache untersucht hat. Eine Ihrer aus der Literatur abgeleiteten Hypothesen lautete, dass die Schlüsselwortmethode zu signifikant besseren Behaltensleistungen führt. Schreiben Sie auf der Grundlage der unten angeführten Daten einen Absatz eines Ergebnisteils.

Als englischen Bezeichnungen für die Methoden lassen sich ***rote learning, visualization, keyword method*** und ***physical action*** verwenden. (basiert auf Stork 2003, insbesondere 149–150).

Methoden	*Auswendig-lernen*	*Visualisie-rung*	*Schlüssel-wort*	*Bewegungen*
Mittelwert	*15,44*	*15,07*	*18,39*	*14,56*
Standard-abweichung	*4,18*	*4,95*	*2,20*	*5,49*
Perzentile 25	*12,38*	*11,50*	*17,79*	*11,50*
50	*15,60*	*16,67*	*19,07*	*16,33*
75	*19,22*	*19,34*	*19,80*	*19,11*

Schritt 2: Einleitung

Einleitungen sind – neben dem Abstract – die Visitenkarte des Autors. Man tut daher gut daran, möglichst viel Zeit und Mühe auf die inhaltliche und sprachliche Gestaltung dieses Teiltextes zu verwenden. Inhaltlich sollte eine englischsprachige Einleitung den Leser so einfach und klar wie möglich in die Thematik des Textes einführen; darüber hinaus sollte Wert auf eine rhetorische Gestaltung gelegt werden, die das Interesse des Lesers für den Haupttext weckt. In dieser stärkeren Betonung der rhetorischen Gestaltung von Einleitungen liegt der Hauptunterschied zwischen deutschen und englischen Realisierungen dieses Textsegments.

In **deutschen Einleitungen** wird gewöhnlich ein Wissen über deren implizit begründende dreischrittige Struktur vorausgesetzt (vgl. zu den folgenden Ausführungen Gräfen/Thielmann 2007: 80-81; Thielmann 2009: 315-316):

1. Nennung einer gesellschaftlichen Problematik
2. Kurzüberblick über die als defizient dargestellte wissenschaftliche Beschäftigung mit der Problematik
3. Darstellung des eigenen Vorhabens

Innerhalb dieses Musters begründet Schritt 1 implizit Schritt 2, Schritt 2 implizit Schritt 3, und alle drei Schritte zusammengenommen fungieren als Begründungen des im Hauptteil des Artikels Vorgetragenen. Nur wenn der Leser dem deutschen Textmuster bereits dutzende Male begegnet ist und entsprechende Vorkenntnisse mitbringt, kann er es verstehen. Sinnzusammenhänge zwischen Einleitungssegmenten werden weniger als im Engli-

schen durch innersprachliche Mittel wie Verbindungswörter (*auch, denn, deshalb, trotzdem, ...*), synonymische oder antonymische Beziehungen gekennzeichnet, sondern lassen sich nur durch Kenntnisse des Lesers über die übliche Realisierungsform von Einleitungen herstellen.
Da englische Leser über ein anderes Gattungswissen verfügen, kann eine bloße Reproduktion der deutschen Einleitungsstruktur zu Verständnisproblemen führen. Dem englischen Leser würden sich die Verbindungen zwischen den einzelnen Blöcken nicht automatisch erschließen.

In der **englischsprachigen Wissenschaftswelt** gilt es daher vor allem, eine klare Folge expliziter, logisch aufeinander bezogener rhetorischer Schritte zu vollziehen, um den Leser von den Zielen und dem Wert des eigenen Vorhabens zu überzeugen. Es darf keine oder zumindest weniger Lücken in der Argumentationsstruktur geben, die der Leser durch eigenes Hintergrundwissen füllen muss (vgl. Hinds 1987, Bachschmidt 1999, Thielmann 2009: 76-77). Ein sehr allgemeiner Ratschlag für das Verfassen von englischsprachigen Einleitungen besteht also darin, **logische Verknüpfungen durch entsprechende Verbindungswörter und -wendungen** für den Leser explizit zu machen (*however, therefore, thus, since, as, so that* usw.); darüber hinaus ist die Verwendung von Gliederungssignalen wie *there are two ways of ..., One is ..., Another is ...* und anaphorischen Pronomen wie *this, these* und *such* angezeigt.

Eine typische Einleitung antwortet in einem Dreischritt auf die Fragen „was", „warum" und „wie" (vgl. zu grundsätzlichen Überlegungen Swales 1990: 141, Petkova-Kessanlis 2009: 197 ff.):

1. Was? Hier geht es um die möglichst lineare Hinführung zum Thema. Der eigene Beitrag soll durch Hinweise auf die Relevanz des Themas und/oder die negative Einschätzung eines Ist-Zustandes gerechtfertigt werden (eher fakultativ) und durch eine kritische Literatursichtung im Fach verortet werden (zwingend). Dabei soll keinesfalls ein erschöpfender Überblick über die gesamte Sekundärliteratur angestrebt werden; es sollten nur Arbeiten erwähnt werden, die eine direkte Relevanz für das in Rede stehende Forschungsziel haben.

2. Warum? In diesem Teil verweist der Autor auf eine Lücke in der bisherigen Forschung, indem er eine Forschungsfrage bzw. ein Problem aufwirft und die Bedeutsamkeit seines eigenen, neuen Forschungsbeitrags herausarbeitet (zwingend).

3. Wie? Hier beschreibt der Autor, wie die im vorherigen Schritt aufgeworfene Lücke zu besetzen ist, d.h. er stellt die Forschungsziele dar (zwingend), gibt einen knappen Ausblick auf die Ergebnisse (fakultativ, aber wünschenswert) und geht auf die Gliederung seines Artikels ein (meist fakultativ, aber wünschenswert).

Darauf können fakultativ weitere Aussagen folgen, die dazu dienen, die in Rede stehende Studie zu begründen oder sie in einem positiven Licht darzustellen. Ein deutlicher Unterschied zwischen deutschen und englischen Artikeln besteht in der Handhabung von Schritt 2. Deutsche Autoren heben zwar häufig Lücken und Mängel der bisherigen Forschung deutlich hervor, versäumen es aber mitunter, den Leser von der Bedeutung des eigenen Forschungsbeitrags zu überzeugen (vgl. Hutz 1997, Trumpp 1997, Busch-Lauer 2001).
Erfahrene und sprachlich versierte Schreiber können u.U. auch auf den ersten Teil von Schritt 1 verzichten und direkt mit dem Problem einsteigen, um dann den Literaturüberblick folgen zu lassen.

Jeder Wissenschaftszweig hat im Übrigen spezifische **Standarderöffnungen** entwickelt, um die Frage nach dem „Was?" der Forschung zu beantworten. In der Medizin beispielsweise wird die Relevanz des Themas üblicherweise mit Hinweisen auf die Zahl der zu einem bestimmten Zeitpunkt Erkrankten (Prävalenz) oder die Anzahl der während eines bestimmten Zeitraums zu erwartenden Neuerkrankungen (Inzidenz) gerechtfertigt; in der Geschichtswissenschaft (vgl. Bondi 2009) dagegen erfolgt der thematische Einstieg häufig mit der Darstellung eines geschichtlichen Ereignisses.
In der Regel sind Einleitungen in den Geisteswissenschaften länger und komplexer als in den Naturwissenschaften, was vor allem darauf zurückzuführen ist, dass verschiedene Theorieansätze und Schulen erläutert werden müssen, d.h. der spezifische Verstehenshintergrund eines Artikels erst schrittweise aufzubauen ist. Dadurch entstehen häufig längere Zyklen von Literaturübersichten und Begründungen des Forschungsvorhabens.

Übung 2

Wie spiegeln sich die o.g. Schritte in der folgenden kurzen Einleitung aus dem Bereich der Medizin/Pflegewissenschaft wieder?

An audit of post-operative nausea and vomiting following cardiac surgery: scope of the problem
Lisa Mace (Nursing in Critical Care 2003 • Vol 8 No 5)

INTRODUCTION

1. Post-operative nausea and vomiting (PONV) is one of the most common and distressing side effects of surgery (Watcha and White, 1995; Tate and Cook, 1996a). 2. With a multifactorial aetiology, the incidence of PONV can be affected by surgical procedure, use of anaesthesia and individual patient and/or post-operative factors (Watcha and White, 1992; Cohen et al., 1994; Rowbotham, 1995). 3. Development of PONV may result in a number of serious complications including aspiration, dehydration, electrolyte disturbance, wound disruption and gastric bleeding (Kenny, 1994; Blinkhorne, 1995).
4. Evidence from a range of studies would suggest that patients find PONV more debilitating than pain, with some prepared to tolerate some degree of pain as the price for control of nausea and vomiting (Van-Wijk and Smallhout, 1990; Orkin, 1992; Waterman et al., 1999). 5. This may lead to dissatisfaction with the surgical experience, increased anxiety and discomfort, with anticipatory nausea probable in future (Kapur, 1991; Blinkhorne, 1995; Waterman et al., 1999).
6. As a problem affecting a large number of surgical patients annually, PONV has been the focus of many studies and reviews in recent years (Morris et al., 1998; Scholz et al., 1998; Waterman et al., 1998; Cox, 1999; Domino et al., 1999; Waterman et al., 1999; Jolley, 2000a; Philip et al., 2000). 7. Despite this growing body of evidence and new knowledge, many would argue that everyday clinical management of PONV is far from evidence-based. 8. Hence, PONV continues to be managed in a disorganized, inconsistent manner (Jolley, 2001).
9. Research to date also tends to focus on surgical specialities where the incidence of PONV is known to be high such as gynaecology, ENT and orthopaedics. In other less explored surgical domains, such as cardiac surgery, the extent of the problem may not be appreciated or recognized (Grebenik and Allman, 1996; Waterman et al., 1999).
10. Quantifying the extent of the problem in cardiac surgery would help to provide the impetus for change, if existing practices were detrimental to care delivery. 11. In addition, this approach would encourage ownership of any subsequently suggested changes (Wright, 1998).

An der in Übung 2 verwendeten Einleitung lässt sich sehr gut zeigen, in welcher Hinsicht englischen Einleitungen eine lineare Textstruktur zugrunde liegt. Verantwortlich dafür sind zwei Hauptmerkmale: a) eine klare Abfolge von alter und neuer Information („Thema-Rhema-Struktur“, s. dazu die Übung in Teil 2, Einheit 10) und b) ein sehr enges begriffliches Beziehungsgeflecht.

Dieses enge Netz konzeptueller Verbindungen lässt sich durch eine schematische Darstellung des Textes mithilfe von Platzhaltern allgemeiner Art (DISORDER, TREATMENT usw.) veranschaulichen. In dieser Darstellung wird ebenfalls die zentrale Rolle des thematischen Elements DISORDER deutlich; darüber hinaus lässt sich die Abfolge der Schritte **Was**? (Definition: disorder is side effect of treatment), **Warum**? (DISORDER may result in COMPLICATIONS, PATIENTS find DISORDER + negative Bewertung) und **Wie**? (Quantifying DISORDER) erkennen.

[DISORDER] is side effect of [TREATMENT].
Incidence of [DISORDER] can be affected by [TREATMENT/PROCEDURE] + [PATIENTS] + other [FACTORS].
[DISORDER] may result in [COMPLICATIONS].
[RESEARCH shows] [PATIENTS] find [DISORDER] [negative evaluation]
[negative evaluation] may lead to [negative evaluation]
As a [DISORDER] affecting many [PATIENTS], [DISORDER] is [subject of RESEARCH]
Despite [RESEARCH], management of [DISORDER] is [negative evaluation]
Hence, [DISORDER] continues to be [negative evaluation]
[RESEARCH] focuses on [AREAS/TREATMENT] where [DISORDER] is frequent
In other less explored [AREAS], extent of [DISORDER] may be [negative evaluation]
Quantifying [DISORDER] in [new AREA] would lead to [CHANGE/IMPROVEMENT]
[APPROACH] would lead to [IMPROVEMENT]

Übung 3

Der folgende Text aus dem Deutschen Ärzteblatt stellt eine Übersetzung eines deutschen Textes dar, welche die oben genannten Vertextungsprinzipien teilweise nicht beachtet. Wie könnte der Text in eine linearere und konzeptuell dichtere Form gebracht werden?

The incidence of postoperative nausea and vomiting (PONV) after general anesthesia is up to 30% when inhalational anesthetics are used with no prophylaxis. This makes PONV one of the most common complaints following surgery under general anesthesia, together with postoperative pain (1).
As anesthesia is administered approximately 8 million times per year in Germany for surgery, this means that up to 2.4 million patients suffer from PONV every year (e1) if no prophylaxis is provided.
While anesthesia-related mortality and morbidity have fallen dramatically in

recent decades, the outcome parameters wellbeing and patient satisfaction are becoming increasingly important (e2). These are considerably affected by PONV (2–4, e3). Financial issues are also significant, as PONV can lead to a substantial prolongation of time in the recovery room with increased costs of personal care (e4) and in pediatric patients PONV is the most common cause of the approximately 1% to 2% of unplanned hospitalizations following outpatient surgery (e5, e6). Despite their rarity, serious complications caused by PONV which are described in case reports, such as aspiration pneumonia, Boerhaave's syndrome, severe subcutaneous emphysema, pneumothorax, rupture of the trachea and loss of vision, provide a warning that this problem is not to be underestimated (e7–e14).
In the German-speaking world, recommendations for preventing and treating PONV were first published in 2007. They were based on searches of the literature up to 2005 and therefore require revision due to new findings (5). Although the recommendations of the Society for Ambulatory Anesthesia (SAMBA), also published in 2007, were based on searches of the literature up to 2006, they require a high level of abstraction because of their claim to international validity. For the German-speaking world, this level of abstraction is difficult to translate directly into treatment recommendations (6).
This review of PONV prevention and treatment is based on a systematic review of the literature with subsequent assessment according to the levels of evidence and grades of recommendations within the framework of expert consensus dating from 2009 (March 30, 2009, Frankfurt am Main, Germany). It can be taken as a basis for incorporation into Standard Operating Procedures (SOPs) in the German-speaking world.
(http://www.aerzteblatt.de/int/archive/article?id=78885)

Im Folgenden sollen typische sprachliche Mittel aufgeführt werden, mit denen die oben genannten Schritte vollzogen werden können.

Schritt 1: Was?

In diesem ersten Schritt werden standardmäßig bestimmte **Kombinationen von Substantiven und Adjektiven** verwendet, welche die Wichtigkeit oder gesellschaftliche Relevanz des Themas hervorheben.

common crucial fundamental important key major serious vital	issue problem	facing raised by related to
increasing rising escalating mounting intensifying	awareness / number influence / proportion cost / pressures anxiety / evidence controversy / debate	
effective useful valuable	method technology tool	
broad enormous huge impressive large	range variety	of
common main major leading primary	cause	of
essential interesting key striking	aspect characteristic component feature	of

Alternativ finden sich natürlich auch Adjektiv-Adverb-Kombinationen des gleichen Typs, z. B.:
Economic evaluations have become **increasingly integral** to late-phase clinical trials.

Gleichzeitig oder alternativ wird die Bedeutung oder das Ausmaß eines Phänomens häufig auch zeitlich eingeordnet. Dabei kommen Zeitangaben

wie die folgenden zum Einsatz; diese werden mit Zeiten der Gegenwart (*present tense, present perfect*) verbunden:

in recent years / decades // recently
during the past decade / the past two decades
over the past ten years
each year
for many years / for a number of years
today / nowadays / traditional(ly) / usually / often

Sehr gebräuchlich sind in diesem Zusammenhang auch Sätze, die den zeitlichen Umstand in Subjektposition aufführen (vgl. Teil 2, Einheit 6), und zwar unter Verwendung der Verben *mark*, *see* und *witness*:
The past few decades have witnessed a definite upsurge in interest in …
The past two decades have witnessed a progressive increase in writings on …
The past decade has seen significant advances in producing …
The past few decades have marked a dramatic change in our ability to collect, analyse and use information about …

In den folgenden ersten Sätzen einer Einleitung nimmt der Autor zunächst eine Darstellung der Prävalenz von Suiziden vor, um in einem zweiten Schritt den Schluss zu ziehen, dass das Thema wichtig ist (*ranks as a leading cause of death*) und bereits auf die Forschungslücke hinzuweisen (*knowledge of its aetiology is limited*).

> Each year, around 4500 deaths are given a suicide or an open (ie, undetermined whether accidentally or purposefully self-inflicted) verdict in England and Wales; nearly half of these deaths occur among men aged 15–44 years. Although suicide now ranks as a leading cause of death among young men, knowledge of its aetiology is limited. (med)

Hier noch einige weitere typische Beispiele für die soeben besprochenen Möglichkeiten der Einführung in das Thema:
It is both intuitive and well-established in the literature that patients' religious characteristics may affect their health and health care experiences. (med)
As of December 2008, 75% of adult women and 73% of adult men in the USA

use the Internet. Eighty percent of Internet users go online to access health information … (socio)
In the U.S., adolescent sexual activity is of tremendous public health concern because adolescents experience a disproportionate burden of adverse sexual health outcomes resulting in significant social and financial costs. (socio)

Neben dem Ausmaß des zu untersuchenden Phänomens kann auch auf den Umfang der bisherigen Forschung verwiesen werden. Dabei sind zwei Typen von Wendungen zu unterscheiden, nämlich (1) solche, in denen die Forschung das grammatische Thema darstellt, und (2) solche, in denen die Forschung oder das Forschungsinteresse das Rhema darstellt.

Typ 1

Much recent work / research in … has studied … / reflects a renewed appreciation of …
The bulk of the theoretical literature has focussed on …
(Art historians / linguists / …) have devoted much attention / study / space / … to
Much attention / effort / … has been devoted to / has been lavished on …
Much effort has been expended on …
Recent developments / advances / innovations / studies / writings / … // recent progress in … have/has led to an increase in our understanding of … / have brought renewed attention to … / have prompted a renewed interest in …
Considerable efforts have been made in recent years to study and quantify …
A number of proposals have been advanced in recent years for the development of …
A number of studies have been published in recent years on …
Numerous studies have discussed … / have established / documented that …
A current focus in software engineering is on …
The whole of this review of the literature bears witness to the fact that the **central thrust of research** has thus been business to business communication.

Typ 2

The study of … / the possibility that … has long aroused research interest
has attracted / generated / aroused / stimulated considerable / substantial / lively research interest
have been the subject of much study in recent years
has been extensively studied / researched / investigated / documented / discussed
well / widely / thoroughly / carefully documented / researched
amply documented
is one of the best documented …
commonly studied
widely recognized

Darüber hinaus gibt es Mehrwortausdrücke, die der Darstellung des derzeitigen Kenntnisstandes dienen:
There is growing recognition that …
There is wide consensus that …
It is well known that …
It is generally assumed that …

Schließlich kann auch direkt auf die Funktion des Untersuchungsgegenstands im Gesamtgefüge der jeweiligen Disziplin abgehoben werden:
Post-experience training plays a vital role / a major part in providing teachers with an understanding of …

Ebenfalls unverzichtbar in Schritt 1 ist ein **Literaturüberblick** (*literature review*), der je nach Disziplin kürzer oder länger ausfallen kann und teilweise auch als eigener Abschnitt ausgegliedert wird (s. Einleitung zu diesem Kapitel). Es lassen sich u.a. folgende Formen unterscheiden:

a) **Selektive Literaturübersicht** (engl. *narrative literature review*; subjektive Auswahl mit dem Ziel eines breiten Literaturüberblicks)
b) **Systematische Literaturübersicht** (engl. *systematic literature review*; alle Studien, die bestimmten Kriterien genügen, werden berücksichtigt)
c) **Metaanalysen** (engl. *metaanalysis*; statistische Zusammenfassung der Daten mehrerer Studien); hier existieren mehrere Unterformen.

Literaturübersichten sind keine reinen Aufzählungen der bisher publizierten Arbeiten, sondern sollten eine bestimmte Perspektivierung in Hinblick auf die eigene Arbeit (eine „eigene Stimme") aufweisen. Zur Schaffung einer einheitlichen Perspektive eignet sich der Einsatz von *mind maps* oder anderen Formen grafischer Darstellung vor dem eigentlichen Schreibprozess. Die textuelle Umsetzung erfolgt durch bewertenden Wortschatz, wie er in diesem Kapitel an verschiedenen Stellen dargestellt wird (z. B. *central issue, there is growing recognition*).
Eine Schlüsselrolle in Literaturübersichten kommt der **Zitierweise** zu. Dabei lassen sich **autor- und forschungszentrierte** (Hyland 1999) sowie **direkte** und **indirekte Zitate** unterscheiden, wie die folgende Tabelle veranschaulicht:

	direkt: wörtliche Übernahme in Anführungszeichen	**indirekt: Umformulierung ohne Anführungszeichen**
autor-zentriert	Marland (1975) calls this the 'lighthouse effect'.	Hanlon et al. (1990) show that gesturing with the right hand facilitates naming in non-fluent aphasics.
forschungs-zentriert: Typ 1	This has been variously referred to as 'withitness' (Kounin 1970), the 'lighthouse effect' (Marland 1975) or 'teacher radar' (Siepmann, forthcoming).	Gesturing with the right hand facilitates naming in non-fluent aphasics (Hanlon et al. 1990).
forschungs-zentriert: Typ 2	Withitness has been variously referred to as the 'lighthouse effect' (1) or 'teacher radar' (2).	Gesturing with the right hand facilitates naming in non-fluent aphasics (8).

In **natur- und ingenieurwissenschaftlichen Zeitschriftenartikeln** finden sich ausschließlich forschungszentrierte, indirekte Zitate, besonders in den **Lebenswissenschaften** häufig auch solche des Typs 2 (hier grau schattiert). Autorzentrierte Zitate sind vor allem in der **Philosophie** (Hyland 1999) und der **Literaturwissenschaft** üblich; in den Geisteswissenschaften allgemein überwiegen jedoch indirekte, zusammenfassende Zitate.
Grundsätzlich sollten autorzentrierte Zitate in den Geisteswissenschaften

vor allem dann eingesetzt werden, wenn das Hauptaugenmerk auf Detailaspekten einzelner Studien liegt. Sollen allgemeine, gut belegte Tendenzen aufgezeigt werden, empfiehlt sich eher der Gebrauch forschungszentrierter Zitate.
Zu weiteren Fragen, die das Zitieren betreffen (Gebrauch der Zeiten, redewiedergebende Verben), wird auf Teil 2, Einheit 16 verwiesen. Darüber hinaus empfiehlt sich an dieser Stelle ein Blick auf Teil 2, Einheit 1: Übliche Wortverbindungen und Konstruktionsmuster, wo der vor allem in Schritt 1 von Einleitungen gebräuchliche Verbalwortschatz näher unter die Lupe genommen wird.

Schritt 2: Warum?

Zum Zwecke des Verweises auf Lücken oder Schwächen in der bisherigen Forschung werden regelmäßig bestimmte **bewertende Adjektive, Substantive und Verben** gebraucht, die teilweise eine Negierung oben bereits genannter Wortschatzelemente darstellen (z. B. *amply documented vs. poorly documented*). Zur Einleitung einer entsprechenden Passage werden häufig **kontrastierende Konnektoren** eingesetzt (*however, but, although, while, despite, conversely, nevertheless, unfortunately*). Zunächst einige vollständige Satzbeispiele, in denen die entsprechenden Elemente hervorgehoben sind:

However, whilst research has identified the requirements for sustainable rural and remote primary health care services [7], **few rigorous** longitudinal evaluations have been conducted to systematise them over time; assess their transferability to other regions [8]; monitor the effect of …; or better understand how or when …

I am aware of **just one** study, by Danzon and Kim [1], which is related to the estimation of the historical lifetimes of drugs.

Conversely, there is **a lack of research** that examines the effectiveness of these programs longitudinally … Furthermore, there **is a gap in the literature** regarding …

Given these **gaps in knowledge** it is vital to understand …

Weiteres schematisiertes Material:

… has been poorly / not sufficiently studied / documented / researched
… remain under-researched / unstudied / unanswered

… is not well understood.
… is an under-researched area of …
… has not been systematically / adequately studied / researched / documented / discussed
… has suffered comparative / almost total / unwarranted neglect
Miller (2012) emphasizes the absence of research on …
There is a dearth of research on …
There has been little scholarly study of … / little effort to … / little systematic analysis of … / little discussion of …
Little work has been done … / little effort has been expended on … / little attention has been devoted to …
There is a clear need to reexamine …
… demand / require clarification (and definition)
What is less well realized is …

Typisch ist auch der Hinweis auf ungelöste Probleme oder die Begrenztheit bisheriger Forschung:

Prevailing social class measures (i.e., education, occupation, income), **may be insufficient to explain and predict** the association between social inequalities and educational outcomes.
This analysis does not take account of / makes no allowance for …
… casts some doubt on the adequacy of the model.
A major problem with this model is …
The most significant drawback / objection to the model is …
A second problem / complication affecting the model is that …
Most destructive to the model is the finding that …
… has serious / severe (methodological) limitations
… suffers from several major (theoretical) drawbacks
A fundamental question in … concerns …

Vor allem in den **Geisteswissenschaften** wiederum wird gerne auf die Aushandlung von Bedeutung im akademischen Diskurs Bezug genommen:

There is an **argument** over whether … / there is considerable argument about …
There is no **consensus** / little **agreement** / considerable **disagreement** on … In academic and policy circles, there has been an ongoing **controversy** about …
The Weberian thesis has been a subject of great **controversy** / a topic of intense **debate** / is still a matter of considerable debate / **speculation** / a source of lively **debate** / a matter of some **concern**
There is continuing / considerable **debate** about … / has been some debate as to …
This articles revives the **debate** over whether …
… brings up the much-discussed question of …

Abschließend ein komplexes Beispiel für diesen rhetorischen Schritt, das gleichzeitig eine selektive Literaturübersicht darstellt:

Three characteristics of previous case studies of SMOs operating in the field of HIV/AIDS are noteworthy. First, **almost all of the** detailed **research has been conducted in** high prevalence (usually metropolitan) districts (New York, San Francisco, London); low prevalence, provincial settings **have been largely disregarded. This** metropolitan **bias is apparent** in HIV/AIDS **research generally.** As Berridge (1996), p. 287) has observed, in the U.K. HIV/AIDS has essentially been a 'tale of three cities'. Second, the existence of solidary social movements and functional SMOs **has tended to be taken as a given.** The solidarity of the gay community, the nature of gay identity and of gay activism and the relationship between it and HIV/AIDS activism **have generally been regarded as unproblematic.** There are a few exceptions: changes over time in gay identity have been identified (Watney, 1993) as have intergenerational and subcultural differences in gay men's experience of and response to HIV (King, 1995). Similarly, Bailey (1995) has problematised the gay constituency for HIV prevention, while Weeks et al. (1994) have drawn attention to the tension between generalist service provision and the targeting of resources on areas of greatest need, especially among gay men. Carricabura and Pierret (1995) have explored the relationship betwen gay identity and the response to HIV, **but this study too** was carried out in a high prevalence metropolitan setting (Paris) and **treats gay identity as unproblematic. Otherwise**, the organisational implications of such internal divisions **have remained unexplored.**

Finally, previous studies of HIV/AIDS SMOs **have paid little attention to** variations in prevalence and their implications for SMO survival.
(Soc. Sci. Med. Vol. 47, No. 9, pp. 1197±1208, 1998)

Schritt 3: Wie?

Typische Wendungen zur Nennung der Forschungsziele und zur Einbettung derselben in den Forschungskontext finden sich in der folgenden Tabelle.

(Building on these works,) This paper This article The present article	describes discusses explores outlines sets out to investigate seeks to demonstrate aims to clarify	how where whether the relationship between
In this article	I describe I discuss I will explore I shall argue it is argued that	
The purpose of this article Our approach in this paper The central thrust of this study A central concern of this study The fundamental objective of the present study	is to	examine explain identify illustrate provide a defence for
It is therefore the	purpose of this paper aim of this study	to investigate to demonstrate
the basic / central / essential / fundamental	idea	is that

Auch freiere Formulierungen sind denkbar, z. B.:
A widening of the research focus is thus required: one that integrates ...

In ganz ähnlicher Form wie in der ersten Zeile der Tabelle illustriert lassen sich am Ende der Einleitung die Inhalte einzelner Abschnitte darstellen. Hierbei ist zu beachten, dass im Englischen eher keine Variation in der Thema-Rhema-Struktur (s. Teil 2, Einheit 10) verwendet werden sollte. Dazu ein schematisiertes Beispiel:

Deutsch	Englisch
Den Analyseebenen X, Y, Z entsprechend besteht die Untersuchung aus drei Abschnitten. In Abschnitt 1 werden ... analysiert. (...) Sehr viel komplexer liegen die Verhältnisse in Abschnitt 2, der ... gewidmet ist. (...) Mit einem ganz anderen Bereich, nämlich dem der ..., ist Abschnitt 3 befasst.	The present paper **falls into three sections**, each dealing with a separate level of analysis: ... **Section 1** analyses ... **Section 2** is devoted to the rather more complex area of ... **Section 3** discusses an entirely different domain ...

An dieser Stelle ist auch eine Bemerkung zur **generellen Orientierung im Text** angebracht. Diese geschieht im **Englisch eher räumlich** (*here, in this section, above, below*), im **Deutschen häufiger auch zeitlich** (*zunächst, dann, abschließend, bisher*; vgl. Graefen/Thielmann 2007: 89-90). Allerdings beruht dieser an der Textoberfläche wahrzunehmende quantitative Unterschied auch teilweise auf der generellen Präferenz des Englischen für den Gebrauch von Verben oder Substantiven anstelle von Adverbien (vgl. ... *begins by discussing ... goes on to present* ... usw. vs. ... *zunächst ... dann*).

Übung 4

In den drei folgenden Beispieltexten aus verschiedenen Disziplinen ist für Einleitungen typisches Sprachmaterial in Fettdruck hervorgehoben, das Sie für eigene Einleitungen verwenden können. Finden Sie möglichst viele alternative Formulierungen für die hervorgehobenen Stellen.

Einleitung 1:
***Much of the social and environmental research on** tropical countries focuses on the outcomes of expanding cities and rapidly growing urban populations. Understanding the impacts of urban sprawl on land cover, biodiversity, and*

*watersheds, for example, **are important areas of concern** (e.g., Weng 2001; Pauchard et al. 2006; Li et al. 2007; Grimm et al. 2008). **However, there are** concomitant social and economic outcomes associated with urban expansion that also warrant attention, including employment opportunities in construction (Ball and Connolly 1987; Firman 1991; Scott and Storper 2003). A key component of capitalist economic development (Hillebrandt 1974; Harvey 1978; Ball and Connolly 1987; Giang and Pheng 2011), the construction sector **plays a particularly important role in** the economies of urbanizing areas of the tropics where housing demands are growing at unprecedented rates (UNFPA 2007). For development and government decision makers, therefore, **understanding where and how** components of the construction sector affect regional economies is **integral to** development initiatives in tropical regions (Scott and Storper 2003). **This article uses a case study to examine** the role that location, clustering, competition, and labor play in the development of the building material industry in and around Xalapa, the capital city of Veracruz, Mexico. (The Industrial Geographer 2011)*

Einleitung 2:
***Research and epidemiological data have revealed** public health, medical, and economic impacts of sexually transmitted infections (STIs) and unintended pregnancy among adolescents and young adults (CDC, 2009; Chesson, Blanford, Gift, Tao, & Irwin, 2004; Institute of Medicine, 1995). **According to the CDC** (2009), sexually active 15–24 year olds are at higher risk for STIs for a variety of reasons including behavioral, biological, and cultural factors. (…) With regard to condom use, **findings indicated that** among participants who had vaginal intercourse within the last year, men 18–24 years old used a condom 44.9% (95% CI = 37.4%–52.7%) of the time during their most recent 10 occurrences of vaginal intercourse and women 38.7% (95% CI = 31.0%–47.0%) of the time (Reece et al., 2010b). (…)*
*Despite the demonstrated efficacy of male latex condoms, **few studies have assessed** where sexually active individuals typically acquire condoms (Reece, Mark, Schick, Herbenick, & Dodge, 2010). (…)*
***Research** related to condom use **typically assumes that** condom utilization implies correct and consistent use, as well as sufficient condom availability. **Empirical studies have identified** a high prevalence of condom-related errors among college age young adults (Crosby, Sanders, Yarber, & Graham, 2003; Crosby, Yarber, Sanders, & Graham, 2004; Crosby, Sanders, Yarber, Graham, & Dodge, 2002; Sanders, Graham, Yarber, & Crosby, 2003; Yarber, Graham, Sanders, & Crosby, 2004) as well as a lack of overall condom availability*

(Crosby et al., 2003; Crosby et al., 2002). (…)
There is ***a plethora of research about*** *the sexual health concerns and sexuality-related problems of college students, but* ***little is known about*** *the extent or comprehensiveness of sexuality-related services at college health centers. (…)*
The purpose of the present study was to assess *condom and safer sex product availability, condom distribution procedures, and number of condoms distributed/year within college health centers nationwide.* ***Specifically, the foci of the study are six fold and designed to assess the following****: (a) …, (b) …, (…)* (Electronic Journal of Human Sexuality 14, 2011)

Einleitung 3:
Most *learners of English need to develop their pronunciation ability to the point where it has no serious effect on comprehensibility when they are engaged in oral communication. Some develop this skill naturally over time and to a reasonable level of accuracy through imitation of one native speaker norm or another. Others need to work harder at it with expert guidance. Morley (1991, p. 492-495)* ***provides a comprehensive overview of*** *groups of learners in special need of pedagogical support for pronunciation for both ESL (English as a second language) and EFL (English as a foreign language) settings. Yet, Derwing and Munro (2005)* ***lament the "marginalization of*** *pronunciation within applied linguistics" (p. 382).* ***Their informal survey shows*** *either* ***complete omission of*** *pronunciation from some key publications, such as The Handbook of Second Language Acquisition (Doughty & Long, 2003), or* ***only minimal attention to*** *the topic (as in Hedge, 2000; Nunan, 1999).* ***They*** *also* ***found few papers on*** *pronunciation in journals in applied linguistics. Research In Canada, Britain and Australia shows that in addition to a lack of training in pronunciation instruction, English teachers, in general, do not have a strong enough background in phonetics to feel confident to teach pronunciation (Breitkreutz, Derwing, & Rossiter, 2002; Burgess & Spencer, 2000; MacDonald, 2002; Murphy, 1997). Moreover one of the key features of a pedagogy of pronunciation is necessarily feedback on performance, and yet providing pronunciation feedback is an intensive, time-consuming activity requiring one-to-one work. It is not surprising, then, that pronunciation is* ***often given little attention*** *in the classroom, particularly in the communicative curriculum where a focus on meaning has long dominated over a focus on form, including phonetic form.*
In this context, the computer-assisted language learning approach ***appears to be promising****, as it can enable students to work on improving their*

> *pronunciation independently, focusing on aspects of pronunciation relevant to individual needs, based on L1 (first language) background and language learning goals (Pennington, 1999).* ***Unfortunately, it appears that*** *much of the commercially-available pronunciation software does not meet the criterion of being "linguistically and pedagogically sound" (Derwing & Munro, 2005, p. 391; see also Neri, Cucchiarini, Strik, & Boves, 2002). (...)*
> ***The data reported in the current paper form part of*** *a larger collaborative project, involving researchers in phonology, computer science, and second language pedagogy.* ***The project explores*** *the provision of automated feedback on learners' pronunciation, in the context of pronunciation development as a component of conversational fluency (Pennington & Richards, 1986). (...)* ***The project component presented in this paper aims to identify*** *the principal speech features that contribute to comprehensibility and nativeness. (Language Learning and Technology 13/3, 2009)*

Schritt 3: Methoden

Im Methodenteil geht es um eine möglichst genaue Beschreibung der Durchführung der Forschungsarbeit. Ein guter Methodenteil sollte dem fachlich versierten Leser die (vor allem gedankliche) Wiederholung der dargestellten Studie ermöglichen; daher ist im Detail darzulegen, welcher Gegenstand untersucht wurde, mit welchem Instrumentarium (z. B. Software mit Versionsnummer, medizinische Geräte) dieser untersucht wurde, mit welchen statistischen Methoden gearbeitet wurde und welche Art von Verzerrung (*bias*) im Datenauswahlverfahren oder in den Daten selbst auftreten kann. Man kann sich den Methodenteil in manchen Disziplinen also durchaus als eine Art „Kochrezept" vorstellen, das es Fachgelehrten erlaubt, die vorgestellte Forschungsarbeit zu replizieren. In anderen Wissenschaftszweigen fällt dem Methodenteil eher die Rolle zu, die Forschungsarbeit plausibel und nachvollziehbar zu machen und dem Leser Anhaltspunkte dafür zu liefern, ob die Methodik wissenschaftlichen Gütekriterien standhält.

Vor dem Verfassen des Methodenteils ist es sinnvoll, die Richtlinien für Autoren der jeweils anvisierten Zeitschrift zu lesen. Bestimmte Fächer verlangen besondere Erklärungen für den Methodenteil (z. B. in der Medizin zur Vermeidung von Schmerzen in Tierversuchen).

Die Schwierigkeit beim Verfassen des Methodenteils liegt also nicht in der Inhaltsfindung, sondern in der angemessenen Darstellung der Inhalte. Grundsätzlich kann es dabei sinnvoll sein, die Überschriften im Methoden-

abschnitt mit jenen im Abschnitt *Results* in Übereinstimmung zu bringen oder kurze einleitende Sätze zu formulieren, die einen Rückbezug auf die Ziele haben:
(In order) To compare X and Y, Z was used.

Wie in der Einleitung haben wir es auch im Methodenteil mit einem Dreischritt zu tun (vgl. Lim 2006: 282-309, auf den die folgende Darstellung z.T. zurückgreift).

Info

Schritt 1: Woher stammen die Daten und wie wurden sie erhoben?
Hier geht es, je nach Wissenschaft, um die Hauptmerkmale der Stichprobe, den Forschungsgegenstand oder die Datenquellen.

Schritt 2: Wie lassen sich die Verfahren zur Messung von Variablen beschreiben? In diesem Schritt wird erläutert, wie abhängige und unabhängige Variablen gemessen wurden.

Schritt 3: Wie lassen sich die Verfahren der Datenauswertung beschreiben? Dieser Schritt fehlt in Aufsätzen, die nur auf der Ermittlung von Rohdaten basieren.

Wie die Methodik, so sind auch die **Verben**, die zur Beschreibung von Methoden eingesetzt werden können, von Disziplin zu Disziplin sehr verschieden. In den **Lebenswissenschaften** wird z.B. häufig das Verb *treat* verwendet, und zwar in Bezug auf Tiere oder Zellen; bei Patienten dagegen spricht man häufiger von *receive treatment* (Williams 1996). Eine Auflistung von forschungsbezogenen Verben, die häufig in Methodenteilen vorkommen, findet sich in Teil 2, Einheit 1.

Schritt 1a: Beschreibung einer Stichprobe

Bei der Beschreibung von Stichproben nach Ort, Größe, Art und Auswahlverfahren spielen Orts- und Zeitbestimmungen eine wesentliche Rolle. Dabei werden Länder und Regionen meist mit *in*, kleinere Örtlichkeiten meist mit *on* oder *at* und Datenquellen mit *from* (häufig auch die Kollokationen *draw/recruit/select* + *sample* + *from*) verwendet:

... data **from** the 2000 US and Mexican censuses ... (socio)
We **drew our sample from** the 1996–97 edition of the National Directory of Legal Employers (hereafter the NALP Directory). (law)
Representative samples were **recruited from** commercial gay venues (12 bars and 2 saunas) **in** Glasgow and Edinburgh, Scotland's two largest cities, **using** time and location sampling. (med)

Bei der Beschreibung der Zusammensetzung der Stichprobe werden häufig Verben eingesetzt, die eine Klassenzugehörigkeit ausdrücken (*consist of, constitute, comprise, be comprised of, include, be restricted to, be limited to*):

This sample is **comprised of** neighborhoods from the very top of the first quintile through the middle of the 3rd quintile. (eco)
The sample for 2001–2002 **consisted of** 4,850 men of the age of 16–64 years and 5,693 women of the age of 16–59 years. (socio)
The sample is **restricted (limited) to** respondents aged between ... (edu)
The original sample **included** an oversample of low-income individuals. (eco)

In vielen Forschungsartikeln werden neben der Beschreibung der Stichprobe auch Informationen zur Erhebung der Stichprobe gegeben; sprachlich geschieht dies z. B. folgendermaßen:

I restricted the sample to community areas **having at least** 10 sales in both 1995 and 2005.
The community areas **must have had** at least 50 sales in both 1995 and 2005.
Eligibility criteria **required** patients to be 18-65 years of age / required that patients be experiencing a significant reduction in their ability to ...
Criteria for inclusion in the trial **were** ...
15 patients were eligible for entry into the present study.

Statt einer reinen Aufzählung von Eigenschaften der Stichprobe, die stilistisch etwas unbeholfen wirkt, bietet sich der Einsatz verschiedener Arten von Nebensätzen an (Lim 2006; vgl. dazu auch Teil 2, Einheit 14 und 15), wie folgende Beispiele zeigen:

Satztyp	Beispiel
Partizipialsatz mit Partizip Präsens	All the waves from A to K were used, **covering** the years 1990–1991 to 2001–2002. (= and these covered ...)
Partizipialsatz mit eigenem Subjekt (häufig mit "with")	The molecules varied in length between 60 and 95 nucleotides, **with the majority measuring** about 75 nucleotides (= and the majority measured ...)
Verbloser Satz mit "with"	Age of the participants ranged from 29 to 65, **with** the average in the mid-40s / with the average equal to 45.
Konzessivsatz mit "while"	45 per cent of respondents attended Nuremberg University, **while** 55 per cent attended Bayreuth University.

Nebenbei sei bemerkt, dass diese Verfahren sich natürlich analog zur Ausweitung der stilistischen Möglichkeiten bei Ergebnisangaben anbieten. Beispiel:

Only 4 per cent of rural couples said that they wanted only one child, while 70 per cent opted for two, and 26 per cent for three or more.

Um zu erläutern, wie die Stichprobenauswahl zustande kam, werden häufig Kausalverben wie *mean* (vgl. Teil 2, Einheit 6) oder andere kausale Elemente wie *on the basis of*, *due to* oder *through* verwendet.

Our purposive sampling strategy **meant** the sample had nineteen people who deemed themselves at greater risk because of underlying health problems.
A convenience sample was employed, **due to** the way in which young people used the settings ...
Through these processes, 24 papers were included in the review.

Übung 5

Die folgende Mindmap zeigt Wörter, die häufig mit sample eine Verbindung eingehen. Versuchen Sie, mithilfe dieser „Kollokationen" typische Sätze zu bilden.

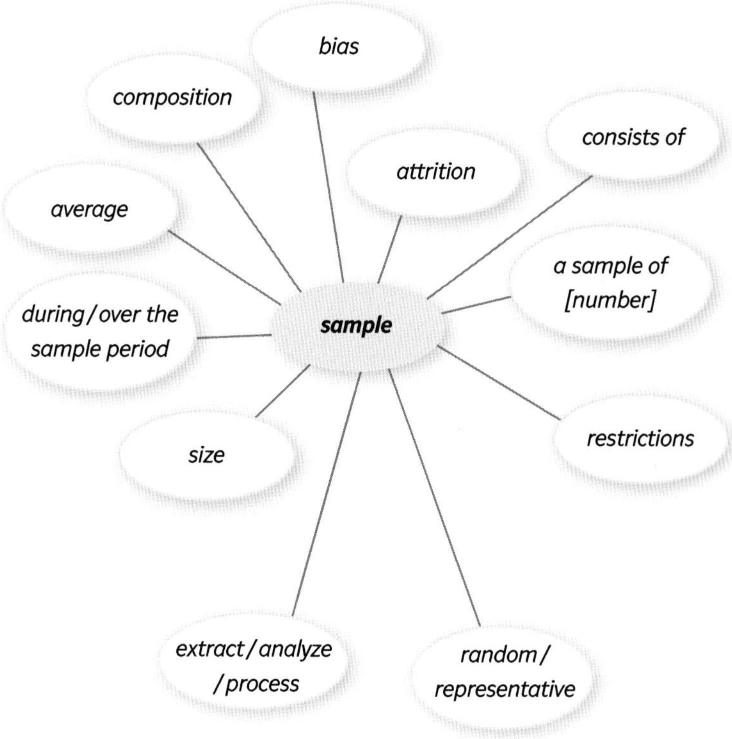

Schritt 1b: Phasen der Datengewinnung

In diesem Schritt werden die verschiedenen Phasen der Datengewinnung chronologisch aufgezählt. Dabei werden in den meisten Disziplinen die Vergangenheitsform und das Passiv typischer Forschungsverben (vgl. Teil 2, Einheit 1) sowie zeitliche Ausdrücke des Typs *before, after, until, then, next, final(ly)* verwendet. Hier zwei typische Beispiele:

The survey **was administered** using computer-assisted telephone interviewing (CATI) technology. The 15 interviewers received training in advance and worked with the assistance of two project supervisors. Potential participants **were screened** for eligibility at the beginning of each call. Inclusion criteria included the following: minimum age of 18 years, primary residence located within the study area during the SARS outbreak, English comprehension skills, and ability to provide informed consent. Those who did not meet the minimum age criteria **were asked** if another member of the household aged 18 or above was available to participate in the survey. A **final** sample of 500 individuals **was achieved** through standard random-digit dialing. (BMC Public Health 2009, 9)

At the beginning of each session, the researcher identified each muscle and placed electrodes over the muscle body. The arm was then supported by the researcher, ES was applied to the muscle and the movement observed. The electrodes were adjusted as necessary until the best movement with the minimal ES was achieved. Participants were then seated at the workstation in front of two computer screens: one screen was viewed by the participant and the other by the researcher. (http://eprints.ecs.soton.ac.uk/23120/).

Weitere Möglichkeiten der Darstellung des zeitlichen Ablaufs sind folgende: *prior to / before / after / following* + Substantiv (häufig ohne Artikel) / Partizip (V-ing) / Satz. Ausdrücke wie *after controlling / adjusting for* sind natürlich auch in *Results*-Abschnitten sehr gebräuchlich.

Prior to all testing sessions, subjects consumed … Before the specimen preparation, the samples were stored …
after treatment / therapy; after adjustment / adjusting for (other factors); (even) after accounting for (age differences); after controlling for all other variables
Effect sizes were calculated for each study after adjusting for the number of degrees of freedom.
One week after surgery, males were again tested for …

After that / following this, the means were compared … (= danach)
after treatment / therapy; after adjustment for (other factors); (even) after accounting for (age differences); after controlling for all other variables

Further, wenn auch nicht strenggenommen ein zeitlicher Ausdruck, kann eine ähnliche Funktion erfüllen:
Each category was then further divided into …

once / until + Satz

Once consolidation was complete, the air pressure was increased …
The electrodes were adjusted as necessary until the best movement with the minimal ES was achieved.

on / upon + Substantiv + *of:* on completion of (treatment)

Forschungsverben werden gelegentlich mit Adverbien kombiniert:

This wordlist database was then **statistically** compared to the BNC sampler …
The list was **manually** edited …
The amount absorbed from the small intestine was **rigorously** controlled …
The percentage of seedlings was **progressively** reduced as N level increased …
The basic solution was **carefully** injected …

Schritt 1c: Legitimierung der Datenerhebungsverfahren

Die Legitimation der verwendeten Verfahren kann explizit durch kausale Konjunktionen wie *as* oder *because* erfolgen und/oder implizit durch den Gebrauch von Wörtern, die eine positive Bewertung zum Ausdruck bringen (*advantage; consistent, faithful, stable, unbiased; clear, precise; well-suited, suitable, appropriate, sufficient*). In folgendem Beispiel wird eine implizite kausale Legitimierung durch Gebrauch des **bewertenden Adjektivs** *maximal* vorgenommen:

Sampling was purposive, with patients being recruited from four general practices located in Los Angeles, California. **We sought maximal variation by recruiting** patients from two practices that served predominately affluent, educated communities, and two that provided for predominantly working-class patients. (= We recruited patients ... because this allowed for maximal variation).

This sample has the major / distinct advantage that ...
By using a national sample of dwellings as the base design for a clustered telephone sample, we can take advantage of the stratification introduced into the selection of its primary areas.

Auch die Negation potentieller negativer Folgen (*there is no danger of, unlikely*) stellt in diesem Kontext eine häufige sprachliche Strategie dar.

Schritt 2a: Überblick über das Design der Studie

Der Autor beginnt die Beschreibung des Verfahrens mit einem einleitenden Themasatz (*topic sentence*), der das Studiendesign terminologisch benennt.

A completely within-subject design was used in which subjects selected items in all of the menu types and formats in a randomized order of presentation.

Schritt 2b: Erläuterung von Methoden der Variablenmessung

Dieser Schritt setzt je nach Disziplin und Forschungsdesign häufig mit Definitionen von Variablen, der Beschreibung von Fragebogenitems u.ä. ein. Dabei sind zwei Arten der Schematisierung möglich, wie in den folgenden Tabellen dargestellt:

Subjekt (Variable)	**Verb im Passiv** (Operation)	**Präpositionalphrase** (Instrument/Definiens)
Recall vocabulary	was assessed	(by) using / by means of cued recall.
Survival data	were analysed	by log rank test

Student response	was measured	with a five-point Likert scale
Obesity	was defined	as 20 per cent above a person's ideal body weight.

Subjekt ([Teil-]Instrument)	**Verb im Aktiv (Operation)**	**Objekt (Variable)**
An additional four items	assessed	the respondent's skill at using the WWW.
Regression analyses	assessed	the impact of legislation on children's SHS exposure.
The text searches	used	a Boolean „Or" logic.

Insbesondere die zweite Darstellungsart, bei der ein **unbelebtes Subjekt mit einem aktiven Verb** gebraucht wird, ist im Englischen verbreiteter als im Deutschen, wird aber von deutschen Schreibern selten eingesetzt (vgl. dazu Teil 2, Einheit 6). Gerade bei der Beschreibung von experimentellen Studien ist auch der Gebrauch von *use* im Passiv sehr häufig:
ambulatory blood pressure monitoring was used to evaluate postprandial hypotension

Alternativ kann natürlich, wenn die disziplinären Gepflogenheiten dies zulassen, auch ein persönliches Subjekt eingefügt werden:

In order to look at this issue more quantitatively, **we** computed for each participant the correlation between the order in which nodes were created and the order in which they appeared in the final report.

Dies ist insbesondere dann sinnvoll, wenn beim Gebrauch des Passivs nicht zu unterscheiden wäre, ob Bezug auf die eigene Forschungsarbeit des Autors oder die von anderen genommen wird. Ein Satz wie der folgende ist in dieser Hinsicht doppeldeutig.

Regression analyses assessed the impact of legislation on children's SHS exposure.

Ist ein unpersönlicher Stil unvermeidbar, so kann das Problem durch eine Referenz oder eine Formulierung des Typs *in our/this work / here* vs. *in their work* gelöst werden:

However, the endonucleases used **in our study** were selected on the basis of preliminary experiments for their ability to reveal a high level of diversity ...

Häufige Präpositionen in diesem Artikelabschnitt sind *at* (z. B. temperature/ intervals/power), *for* (period) und *until* (+ Prozessverb); Beispiel:

The mixture was then sonicated **at** 40 W **for** 3 minutes **until** a uniform suspension **was achieved.**

Schritt 2c: Legitimation der Verfahren der Variablenmessung

Bei diesem Schritt wird häufig auf den Einsatz bewährter Verfahren aus der Forschungsliteratur oder deren Modifikation verwiesen. Dabei kommen zwei Hauptverfahren zum Einsatz, die der Tabelle zu entnehmen sind.

The scale The techniques The values	was / were based on was / were derived from was / were adopted from	Meyer and Smith's factor analysis of ...
Following Borrowing from Building on Drawing on As did	Charap and Miller [45]	we used I selected

Um die Akzeptanz der Methodik zu erhöhen, werden häufig potentielle Probleme und deren Lösung angesprochen. Dabei kommen Kollokationen wie *circumvent + problem, minimize + bias/possibility of error/risk, establish + validity, eliminate + effects* und Verben wie *avoid* oder *prevent* häufig in Infinitivsätzen vor:

In order to / in an effort to / in an attempt to / to circumvent the limitations posed by the SMD model, we used the theoretically more sound DNP model.

Schritt 3: Erläuterung der Verfahren der Datenanalyse

Der Natur der Sache gemäß kommen hier wie in Schritt 1 wieder häufig **Zeitadverbien** und **forschungsbezogene Verben** zum Einsatz. Es folgt ein ausführliches schematisiertes Beispiel, das durch einen Themasatz eingeleitet wird; man beachte auch die ebenfalls in Fettdruck erscheinende Kausalstruktur *this process yielded* mit dem **Prozess in Subjektposition**, die typisch für das Englische ist, sowie den oben bereits angesprochenen Gebrauch einer Partizipialkonstruktion mit *with*.

> **Analysis proceeded in four steps. First**, we used the existing literature to develop a conceptual map of the capacity-building construct and a corresponding list of search terms related to this conceptual map. **In the second step**, we used the resulting groups of capacity building-related terms to conduct text searches with ATLAS on the 68 interviews. The text searches used a Boolean "OR" logic, such that any references to a search term by any interview participant would be captured and collated into a report. Five project investigators reviewed these reports independently to examine what informants said about capacity building, **with one team member** formally **coding** the results for each report. **This process yielded** a consolidated scheme of emergent categories that could be organized around domains related to challenges of alliance capacity building (Lofland & Lofland, 1995). **In the third step**, the team used the consolidated scheme **in a further round of coding** and generated a **subsequent** set of reports that linked all coded text associated with a given category. Each team member **then** examined these reports, identified key challenges for each capacity-building factor, and wrote a short memo that more fully described these themes (Lofland & Lofland, 1995). Team members discussed the memos, expanded or consolidated challenges, and repeated the process for each capacity-building category. **In the fourth and final step**, we used the memos to compare and contrast challenges and trade-offs based on the two capacity-building domains. (http://heb.sagepub.com/content/37/5/645)

In diesem Schritt wird wiederum häufig eine Rechtfertigung der Methodik durch den Gebrauch passender Verben und Adjektive vorgenommen:

address	concerns about tokenism
correct for avoid	this limitation problems in … imperfections in the way that … biased sampling / selection bias

reduce eliminate	poor statistical precision
can account for	deviant cases correlated variances

In einigen Disziplinen erfolgt an dieser Stelle auch ein Ausblick auf die Ergebnisse der Studie, der sich sprachlich nicht vom Ergebnisteil unterscheidet.

Schritt 4: Discussion / Conclusion

Während der Ergebnisteil in seiner Anlage größtenteils deskriptiv ist, ist die *Discussion* (auch: *Results and Discussion*, [*Summary and*] *Conclusion*[*s*] o.ä.) eher interpretativ angelegt (vgl. z.B. Swales/Feak 1994). Wenn man einen Querschnitt durch alle Disziplinen legt, trifft dabei auf etwas mehr als die Hälfte aller *Discussion*-Abschnitte zu, dass sie gleichsam eine **Umkehrung der Struktur von Einleitungen** darstellen (Peacock 2002): Ziel ist es, die vom Autor gewonnenen neuen Befunde mit dem allgemein akzeptierten Erkenntnisstand abzugleichen. Während also die *Introduction* zoomartig von einem Gesamtpanorama der Forschungslandschaft zum eigenen Beitrag fortschreitet, geht die *Discussion* den umgekehrten Weg vom Einzelbeitrag zu möglichen Veränderungen in der Kartographie des zu erschließenden Gebiets. Die *Discussion* schließt damit idealerweise die Forschungslücke, die in der *Introduction* ausgemacht wurde. Damit dienen *Discussions* und *Conclusions* als eigenständige Teiltexte gleichzeitig dazu, den kommunikativen Erfolg des Artikels zu sichern und einen positiven Eindruck beim Leser zu hinterlassen (Petkova-Kessanlis 2009: 175-176).
Dabei lässt sich folgende Grundstruktur ausmachen, die auf verschiedene Art ausgefüllt werden kann (vgl. Dudley-Evans 1994: 224-226, Peacock 2002: 492, Petkova-Kessanlis 2009: 275ff.); diese umfasst maximal **neun rhetorische Schritte**, die als Zahl in Klammern im Text erscheinen:

a) Einleitung: Hier wird erneut auf die Forschungsziele und/oder auf **theoretische oder methodische Hintergründe** Bezug genommen (1); es werden **wichtige Ergebnisangaben** bzw. **Problemlösungen** oder **Problemlösungsschritte** erneut aufgeführt (2) und/oder die eigene **Forschungsleistung** herausgestellt (3).

b) Bewertung: Dies ist der Hauptteil der *discussion*, in dem die eigene Forschungsleistung ausführlich kommentiert und bewertet wird. Es werden entweder **Ergebnisangaben mit Erläuterungen** (4) oder (meist positiven) **Kommentaren zum eigenen Forschungsbeitrag** (5) verbunden; alternativ werden eigene **Ergebnisse mit der bisherigen Forschung abgeglichen** (6). Zudem werden häufig Grenzen oder **Probleme der eigenen Forschung** aufgezeigt (7).

c) Schluss: Dieser Textteil befasst sich mit den Konsequenzen der eigenen Forschung. Dabei wird häufig auf **weiteren Forschungs- oder Handlungsbedarf** (8) und auf **Anwendungsmöglichkeiten der eigenen Forschung** (9) hingewiesen.

Übung 6

Welche **Textteile** lassen sich in dem folgenden Beispiel aus der Biologie ausmachen? Welche der oben genannten **rhetorischen Schritte (1-9)** werden vollzogen und mit welchen **sprachlichen Mitteln** geschieht dies?

The conventional interpretation of the pathogenesis of lupus nephritis, in man or mouse, is that IgG auto-antibodies deposit in the kidney in the form of immune complexes, leading to inflammation and tissue damage [4,32]. In the case of lupus-prone mouse strains, substantial circumstantial evidence has implicated antibodies of both the IgG2a and IgG3 subclasses in the pathogenesis of glomerulonephritis leading to renal failure [6-9,11-14,33].

While the evidence implicating IgG3 antibodies in the pathogenesis of the spontaneous glomerulonephritis in MRL/lpr mice is substantial, it is not definitive. None of the reported perturbations that affect both the serum levels of IgG3 and the incidence or severity of glomerulonephritis influence only serum IgG3 concentrations. Therefore, the goal of the proposed studies was to define more precisely the role of antibodies of the IgG3 subclass in MRL/lpr renal disease by directly comparing IgG3-producing (•3 +/- and +/+) to IgG3-deficient (•3 -/-) mice of the MRL/lpr background. The current analysis was undertaken with the recognition that even after twelve generations of backcrossing to minimize the chances of cryptic but relevant genetic differences between IgG3-deficient (•3 -/-) and IgG3-producing (•3 +/- and +/+) mice of the MRL/lpr background, there remains some finite, if low, probability of such allelic disparities [34]. Therefore, to the extent possible, we have compared MRL/lpr mice of the three genotypes deriving from the same litters of crosses between •3 heterozygotes. Genetic analysis of single nucleotide polymorphisms at 200 loci on chromosomes 1-19 (data not shown) strongly suggested that donor origin DNA was restricted to the distal end of chromosome 12 near the •3 heavy chain constant region locus. Furthermore, the biologic behavior of the •3 +/+ mice resembled closely that of mice of the parental MRL/lpr strain in several characteristic features.

While the presence of two defective •3 heavy chain constant region alleles did not greatly reduce the titers of auto-antibodies of all IgG subclasses, this genotype was associated with highly significant reductions in IgG3 auto-antibodies specific for dsDNA and •-actinin. Perhaps the most crucial point is that •3 +/+ mice, and to a lesser extent +/- mice, exhibit substantial serum titers of these IgG3 auto-antibodies that could contribute to progressive kidney damage, whereas in •3 -/- mice such progression is diminished. If the auto-antibodies of the IgG3 subclass effectively contribute to scarring of kidney tissue, then this difference in the concentrations of these antibodies could account for the observed differences among the mice of the three •3 heavy chain constant region genotypes. The results from the kidney elution studies are also generally supportive of the importance of IgG3 antibodies in mediating the destruction of functional renal tissue in •3 +/+ mice.
The mechanism(s) by which IgG3 antibodies might contribute to the pathogenesis of glomerulonephritis were not directly addressed in the present study. Additional investigation will be necessary to determine the relative importance of direct versus indirect pathways in the mediation of tissue damage by IgG3 antibodies. Observations indicating that both IgG2a and IgG3 antibodies are contributory to kidney disease raise the possibility that IgG3 rheumatoid factors (i.e. antibodies able to bind to IgG Fc regions), which can exhibit specificity for IgG2a Fc regions and are present at high frequency in MRL/lpr mice [16,17], exacerbate the inflammatory stimulus created by the renal deposition of IgG2a antibodies. The dual presence of IgG2a and IgG3 antibodies in affected kidneys suggests the possible importance of interferon gamma in the pathogenesis of the kidney disease, as this cytokine can enhance production of antibodies of both subclasses [35,36]. Another mechanism that may be operative alone, or in concert with rheumatoid factor activity of IgG3 antibodies, relates to the effects that self-association of IgG3 molecules might exert on effective valence and functional affinity. Increased avidity, or functional affinity, of the antibody component of immune complexes increases the likelihood of complexes to deposit and especially to persist within glomerular capillary walls, independently of other properties of the antibodies or immune complexes [37-39]. In turn, a prolonged dwell time of immune deposits in the glomeruli might promote the increased production of constituents of the basement membrane,

leading to more extensive sclerosis and accelerated irreversible destruction of functioning nephrons.
Among mice sacrificed at defined ages, the glomerular pathology in •3 +/+ and +/- mice evolved from endocapillary proliferation to frank sclerosis far more frequently than in •3 -/- mice. Histopathologic examination of kidneys recovered from mice dying spontaneously is also consistent with the notion that the absence of IgG3 antibodies attenuates the irreversible renal damage associated with the MRL/lpr mouse strain. Nevertheless, it is also clear that even in the absence of IgG3 production, kidney damage ensues, as reflected in endocapillary proliferation.
The comparison of the •3 +/+, +/- and -/- mice with respect to long-term survival revealed dramatic, and highly statistically significant differences between either +/+ or +/- and -/- mice ($p = 0.0006$) in the average age of mortality. These results are reasonably, and most simply, interpreted as suggesting that antibodies of the IgG3 subclass contribute significantly to the more rapid mortality of the •3 +/+ and +/- mice by causing the immune complex-mediated renal disease to progress to end stage renal failure. Given the SNP typing, the nearly identical mortality curves for male and female mice of all •3 genotypes, and the presence in the •3 -/- mice of the unusual CD3+, CD4-, CD8- lymphoid population that characterizes MRL/lpr +/+ mice, we believe that the •3 -/- mice have an authentic MRL/lpr background, and that it is very unlikely that an unidentified allelic difference between +/+ (or +/-) and -/- mice accounts for the phenotypic differences described herein.
Finally, it is of interest to note that the •3 heavy chain constant region locus has yet to be associated with the murine lupus phenotype in genetic screening [40-42]. This failure to connect the •3 heavy chain-bearing antibodies with the disease process may be reflective of a potential, but insufficiently appreciated, weakness of genomic screening approaches. Genome-wide or more focused screens for disease-associated alleles assume that any gene products involved in a pathogenic process will be encoded at polymorphic loci such that some, but not all, allelic products at the relevant locus or loci will be participants in the disease process (or at least will be substantially more contributory than alternative alleles). The •3 heavy chain constant region gene is the most conserved heavy chain constant region gene in the mouse, and therefore, it may be rendered invisible in gene-disease association studies using standard inbred mouse strains, within which there may be no, or only very limited, polymorphism. Nevertheless, as in the present study, the lack of naturally-occurring disease-influencing polymorphisms at a locus does not prevent the gene product encoded at that locus from

> *contributing to a pathogenic process. This is a particularly important consideration in light of the observations reported in this study, because progression of lupus nephritis, rather than the incidence of the renal disease, varies with the •3 -/- genotype.*
> (IgG3 deficiency extends lifespan and attenuates progression of glomerulonephritis in MRL/lpr mice, Biology Direct 2012, 7:3)

Bereits die Betrachtung des obigen Beispieltextes zeigt, wie komplex sich *discussion sections* gestalten können. Einige der sprachlichen Elemente, die dabei eingesetzt werden können, sind bereits aus den vorherigen Kapiteln (z. B. Ergebnisangaben, Beschreibung der Methodik) bekannt und sollen hier nicht wiederholt werden. Unsere synoptische Darstellung des Sprachmaterials beginnt daher mit Schritt 3; Schritt 4 wurde ebenfalls bereits unter *Results* besprochen.

Schritt 3: Die eigene Forschungsleistung herausstellen

The results described above The results of this study The current study These findings	showed demonstrated indicated provided clear evidence found	that … of …
To our knowledge, this work To the knowledge of the authors, this study	provides the first demonstration is the first	of … to consider of its kind
Evidence Data A number of observations	suggest(s)	that
In particular,	we demonstrated our research group showed	that …
One important finding A second major finding	was	that …

Schritt 5: Kommentierung der eigenen Forschungsleistung

a) Positiv: Es finden sich meist Aussagen mit positiv bewertenden Adjektiven oder Substantiven und/oder Verben, die das Aufzeigen neuer Perspektiven ermöglichen:

We found **compelling** evidence that …
This result is especially **robust** because …
The algorithms are **more robust for** lower values …
Crucial to our analysis of … was …
Yet no such individuals were detected, a **striking** departure from previous results.
This result is **surprising** because …
It is an **effective** illustration of …
This study showed that efforts at internal marketing **assist in** attraction and possibly in retention of qualified workers.
The findings reported in this study **expand the understanding of** processes underlying the development of aggression.
The present findings **raise the intriguing possibility that** …
The experiments conducted here have shown **for the first time** that …

Andere frequente Wörter sind:
able, accurate, advantage, appropriate, attractive, benefit, better, clear, comprehensive, convenient, convincing, correct, efficient, encouraging, exact, facilitate, feasible, germane, improve, new, novel, relevant, reveal, simple, solve, straightforward, strong, succeed in, successful, superior, valuable

b) Negativ: Häufig werden positive Wörter negiert oder in ihrer Reichweite eingeschränkt.

The reason for this latter finding is **not clear**.
These results were **not robust**, however.
The results obtained were **not encouraging**.

For CO_2, the results were **statistically weak.**
We **were unable to substantiate** in this study any of the culture-related hypotheses.

Auf solche einschränkenden Bemerkungen folgt häufig eine Darstellung sicherer Befunde unter Verwendung von Konnektoren wie *however, nevertheless, nonetheless* und der Wendung *it is clear that*:

Nonetheless it is clear that …
… needs further investigation.
At any rate, however, it is clear that …

Schritt 6: Abgleich der eigenen Ergebnisse mit der bisherigen Forschung

The results of / from this study The findings of this study	agree with / are consistent with / are in line with / are in (good) agreement with / are congruent with complement relate to are identical to analogous to comparable to compatible with	recent observations that … some prior research on … theoretical insights from … recent research on … recent efforts to understand … those of an earlier investigation what was shown in …
This finding **This** result **This** interpretation	is incompatible with stands in contrast to contradicts is different from does not square with	earlier work by Miller (2010) competing approaches the common belief that previous suggestions that the … data shown in …

This study	supports expands corroborates provided insight into refutes	earlier work on … the scope of … Miller's contention that … the relationships between some findings of …
This finding	challenges debunks reinforces lends (tentative) support to provides support for	the hypothesis that the belief that the argument that the idea that the view that the notion of

Sehr leicht lassen sich auch syntaktische Varianten zu den obigen Mustern bilden, z. B.

Similar findings have been observed in …
Together, these observations have been overwhelmingly interpreted to suggest that …
It therefore seems reasonable to suggest that …
It is a reasonable assumption that …
There are good grounds for believing that …

Um weitere Forschung zu legitimieren oder abzulehnen werden häufig Wendungen mit dem Substantiv *possibility* verwendet (vgl. Gledhill 2000: 154):

These studies The results of our investigation These findings This view This interpretation One	raise point to suggest does not preclude leaves open cannot rule out	the possibility that

Syntaktische Varianten:

There is a strong / reasonable / distinct // remote possibility that …
There remains the possibility that …
There is no reason to rule out the possibility that …
It seems promising to explore the possibility that …
Hence the need to admit the possibility that …

Schritt 7: Grenzen der eigenen Forschung aufzeigen
Eine zentrale Rolle spielt hier das Substantiv *limitation* sowie Negierungen positiver Ausdrücke.

This study has several limitations. First, the selection of interviewees may be biased …
There are a number of limitations to this study that must be acknowledged.
This study is not without limitations.
This study was subject to several limitations.
Other study limitations include …
Despite these limitations, it is a relevant finding that …
There are several limitations to our study, but …
Within the limitations noted above, our results indicate that …

The results are not able to shed light on / do not explain …
The results did not allow for insights into …

Einschränkungen bezüglich der Tragweite der Resultate werden häufig mittels des Substantivs *caution* vorgenommen:

There is one word of caution, however. / A word of caution is in order.
These results need to be interpreted / treated / considered / viewed with (some) caution (if they are taken literally / given the fundamental differences between X and Y)

Some caution should be taken / used // needs to be exercised in generalizing our conclusions.
Caution is warranted in applying these findings beyond …

Einschränkungen bezüglich des Forschungsrahmens oder Umfangs der Studie werden z. B. mit den Substantiven *scope* oder *space* vorgenommen:

Such arrangements are/were beyond the scope of this study / lie (fall, are) outside the scope of this study / lie outside the bounds of this study / are beyond the purview of the present study
It is not within the scope / purview / compass of this study to determine …
While a full analysis is outside the scope of this paper, …

The scope of this paper does/did not permit / allow (a) (detailed/ exhaustive/…) discussion / consideration / exploration (etc.) of …
Space (and time) limitations precluded / did not allow (etc.) …
For reasons of space, we have focussed on …

Schritt 8: Weiteren Forschungs- oder Handlungsbedarf aufzeigen
Hier haben sich verschiedene Typen von Ausdrucksschablonen eingebürgert, die in mehreren Untergruppen aufgezählt werden:

Further work is required / needed to understand / explore / ascertain … **Future work / studies should** undertake a close analysis of … **Future research may** explore …
This issue **will need further** investigation / will repay further research / deserves further study / awaits more research / merits further research
These findings may serve as a basis for further study into … / provide fertile ground for further research into … / point the way to further investigation

A number of **directions for further research** emerge from this study. The findings of this study suggest a number of **directions** which future studies of … might (usefully / profitably) take. The present research **may be extended to** … Another **avenue for further research** concerns … Although the present work focused on …, the possibility exists that … This prospect **will be investigated in future studies**. Investigation of … would be **beneficial**.
… should be explored / validated / verified / evaluated As the link between … and … becomes progressively more studied, **it will be important to** establish whether, and to what extent, …
The reverse implications are **not known**. There remain (considerable / huge) **gaps in our knowledge** of … A number of points **remain to be** specified, however. A number of questions **still await** answers.
The findings of this study **reveal a need for** …

Schritt 9: Anwendbarkeit der Ergebnisse aufzeigen

It might be a **useful / worthwhile** investment to create …
… can / should be applied to …
…, which is crucial for many applications in optics
On the basis of the findings of this study, **areas to be targeted for** professional development **should include** …
We think these applications can be implemented easily …

Schritt 5: Abstract

Das Abstract befindet sich in einer Zwitterposition: einerseits fasst es die Hauptinhalte eines Forschungsartikels zusammen, andererseits wird es häufig als eigenständiger Kurztext wahrgenommen, der in sogenannte *abstracting indexes* Eingang findet. Damit kann dem Abstract eine Doppelfunktion zugeschrieben werden: es muss a) dem Leser einen kompakten, aber vollständigen Überblick über die Studie verschaffen, der den Leseprozess vorstrukturiert und b) an den Leser appellieren, die Studie in Gänze oder in Teilen zu lesen.

Im Abstract wiederholt sich die **IMRD-Struktur** (*Introduction-Methods-Results-Discussion*) vieler Fachartikel. Für die **I- und D-Teile** des Abstracts lassen sich häufig Phrasen oder Sätze direkt aus den entsprechenden Teilen entnehmen; für die **M- und R-Teile** sind meist geringe Umformulierungen notwendig. Die Hauptschwierigkeit beim Schreiben des Abstracts besteht darin, möglichst viele Informationen aus dem Hauptartikel in leicht verständlicher Form und unter Berücksichtigung der Wortzahlbeschränkung (meist 150-250 Wörter) zu vermitteln. Im folgenden Beispiel wird der Schwerpunkt auf die Ergebnisse und die Interpretation derselben gelegt:

Classroom incivility is identified as a concern in the higher education literature; however, the extent to which this concern applies to social work education has not been empirically addressed.	= I (Hintergrund / Forschungslücke)
This initial, exploratory study examined the perceptions of classroom behaviors in a small convenience sample of faculty and students in one social work program.	= I/M (Zweck/ Verfahren/Teilnehmer)
Quantitative results indicated that faculty tended to perceive incivility as generally less serious and frequent than did student participants. Qualitative findings suggested that, while faculty believed they were addressing incivility, students did not. Students expressed the desires for instructors to be more aware of behaviors, especially distracting use of electronic devices, and to take stronger actions to enforce guidelines.	= R
Social work programs may need to consider developing uniform policies for addressing incivility as well as helping faculty to find more effective ways to address the problem. Future research is needed with larger, more representative samples.	D (Empfehlungen)

(http://journals.iupui.edu/index.php/advancesinsocialwork/article/viewFile/1932/1862)

Wie unser Beispiel zeigt, stehen die **Ergebnisse** häufig im Zentrum der Betrachtung, insbesondere dann, wenn der Platz beschränkt ist. Außerdem wird deutlich, dass Quellenangaben im Allgemeinen seltener zu finden sind als im Haupttext.

Neben dieser älteren Form des Abstracts setzt sich heute immer mehr das **strukturierte Abstract** (*structured abstract*) durch, das zwar meist länger, aber aus Lesersicht auch übersichtlicher und informativer ist (Hartley 2004). Ein Beispiel für ein strukturiertes Abstract findet sich in Übung 7 unten; für das Verfassen von Abstracts kann es sinnvoll sein, zunächst von einem strukturierten Abstract auszugehen und dann die Überschriften wegfallen zu lassen.

Sprachliche Besonderheiten

Aufgrund des geringen für Abstracts zur Verfügung stehenden Raumes handelt es sich meist um sehr kompakte und komplexe Texte, die einen hohen Grad an **nominaler Reihung** (z. B. im obigen Text: *the perceptions of classroom behaviors in a small convenience sample of faculty and students in one social work program*), **Relativ- und Partizipialsätzen** (s. Teil 2, Einheit 14 und 15) aufweisen.

Sprachmaterial für das Abstract lässt sich leicht aus dem Material der einzelnen Abschnitte des Haupttextes gewinnen; das hier Dargestellte soll nur als Gedächtnisstütze dienen:

Sprachmaterial (s. Schritte 1-5)	Inhalt	Zeitengebrauch
A **number of studies have** … / … is a major risk factor. **Little** is known about … The **aim** of this study is to (investigate / examine / explore / …); this study examines	= I (Hintergrund) Forschungslücke Zweck	Präsens / Perfekt Präsens Präsens (selten: Präteritum)
analyses **were** perform**ed** / patients **were** treat**ed** at dose level	= M (Verfahren / Teilnehmer)	Präteritum / selten Präsens (meist: Passiv)
There is a statistically significant association between … / … **had** significant prognostic value.	= R (Ergebnisse)	Präteritum (oder seltener Präsens)

We show that **these** variables explain … **These** results point to possible … **These** methods can be applied to …	= D a) Diskussion der Ergebnisse b) Wert der Studie	
It is argued that the theoretical implications of … are profound. It is proposed that … … **would appear to be** one possible strategy for …	c) Folgerungen / Anwendungsmöglichkeiten	Präsens / Perfekt; häufig Modalverben mit *hedging*
Future research is needed with larger, more representative samples.	d) Ausblick	

Im Internet finden sich zahlreiche Seiten von Fachzeitschriften oder Verlagen, die z.T. disziplinspezifische Ratschläge oder Anweisungen für das Schreiben von Abstracts geben. Hier zwei Beispiele:
http://www.consort-statement.org/extensions/data/abstracts/ **(Bereich: Medizin/Lebenswissenschaften)**
http://www.emeraldinsight.com/authors/guides/write/abstracts.htm?part=2 **(Bereich: Management)**

Übung 7

a) Setzen Sie passende Verbformen ein.
b) Unterstreichen Sie wiederverwendbares Sprachmaterial.

Differences in male and female dentists' practice patterns regarding diagnosis and treatment of dental caries
Findings from The Dental Practice-Based Research Network

Background*: A number of articles* __________ **(address)** *differences in productivity between male and female dentists, but little* __________ **(be)** *known about differences between the sexes in practice patterns regarding caries management.*
Methods: *In this study, the authors* __________ **(survey)** *general dentists who* __________ **(be)** *members of The Dental Practice-Based Research Network (DPBRN) and who* __________ **(practice)** *within the United States. The survey* __________ **(include)** *questions about dentists',*

practices' and patients' characteristics, as well as prevention, assessment and treatment of dental caries. The authors ______________ **(adjust)** *the statistical models for differences in years since dental school graduation, practice model, full-time versus part-time status, and practice owner or employee status before making conclusions about sex differences.*
Results: *Three hundred ninety-three male (84 percent) and 73 female (16 percent) dentists* ______________ **(participate).** *Female dentists* ______________ **(recommend)** *at-home fluoride to a significantly larger number of their patients than did male dentists, whereas male dentists* ______________ **(have)** *a preference for using in-office fluoride treatments with pediatric patients. Female dentists also* ______________ **(choose)** *to use preventive therapy more often at earlier stages of dental caries. There* ______________ **(be)** *few differences between the sexes in terms of diagnostic methods, time spent on or charges for restorative dentistry, and busyness of the practice.*
Conclusions: *Female DPBRN dentists* ______________ **(differ)** *from their male counterparts in some aspects of the prevention, assessment and treatment of dental caries, even with significant covariates taken into account.*
Practice Implications: *The practice patterns of female dentists* ______________ **(suggest)** *a treatment philosophy with a greater focus on caries prevention.*
(http://www.ncbi.nlm.nih.gov/pubmed/21454850)

Übung 8

Korrigieren Sie folgendes Abstract.

In this article health economic implications of screening are analysed. First, requirements screening programs should fulfill are derived, and methodical standards of health economic evaluation are outlined.
Using the example of newborn hearing screening, it is then examined if empirical studies meet the methodical requirements of health economic evaluation. Some deficits are realized. Health economic studies of newborn hearing screening are not randomized, most studies are not even controlled. Therefore, most studies do not present incremental, but only cost-effectiveness ratios (i.e. cost per case identified). Furthermore, evidence on long-term outcomes of screening and early interventions is insufficient. In conclusion, there is a need for controlled trials to examine differences in identified cases, but particularly to examine long-term effects.

Schritt 6: Titel und Überschriften

Vieles spricht dafür, die Formulierung des Titels genauestens zu bedenken. Ob potentielle Leser sich für die Lektüre eines Artikels entscheiden, hängt in sehr hohem Maße vom Titel ab; dem Titel sollten daher in prägnanter und eingängiger Form die Art des wissenschaftlichen Beitrags (neue Methode, theoretischer Beitrag, chemische Reaktion, ...) und ggf. der Artikeltyp (*survey article, review* usw.) zu entnehmen sein. Nicht zuletzt ist zu beachten, dass allein der Titel (und evtl. ein Abstract) in Bibliographien zitiert wird; in manchen Fällen werden Titel auch als Quellen für Schlagwörter (*keywords*) verwendet.
Ein guter Titel sollte also leicht verständlich (keine allzu langen Komposita!) und möglichst kurz sein. Darüber hinaus sollte er die Aufmerksamkeit potentieller Leser auf sich ziehen, durch geschickte Schlagwortauswahl in Suchmaschinen leicht auffindbar sein und eine angemessene, aber nicht übertrieben positive Darstellung des Artikelinhalts liefern.

Titel haben zwei **Hauptbestandteile** (vgl. Jaime-Sisó 1990, Soler 2007):

1. **Rahmen:** Nennung des allgemeinen Kontextes, in den die Studie sich einfügt
2. **Thema:** Nennung des spezifischen Themas der Studie

Für traditionelle Titel haben sich mehrere Standardkombinationen von Rahmen und Thema herausgeschält:

1. Rahmen: Thema

Parsing in Discourse: Context Effects and Their Limits. (ling)

The elegant universe: Superstrings, hidden dimensions, and the quest for the ultimate theory (phys)

Antibody-directed enzyme prodrug therapy: efficacy and mechanism of action in colorectal carcinoma (med)

2. Thema (Präposition: *in/of*) Rahmen [weiterer Rahmen]

Clause Organization in the Scientific Journal Article (ling)

Relationship of walking to mortality among US adults with diabetes (med)

Rotation and asymmetry of the mitotic spindle direct asymmetric cell division in the developing central nervous system (bio)

3. Rahmen + *and* + Rahmen

> Isaac Newton and Augustan Anglo-Latin poetry (lit)
> Breastfeeding and the use of human milk (med)

4. Rahmen + *and* + Rahmen: Thema

> Technology and economic development: the dynamics of local, regional, and national change (eco)

5. Thema: Methode

> Laparoscopic versus open gastric bypass: a randomized study of outcomes, quality of life, and costs (med)

Neben diesen kompakten nominalen Titeln finden sich vor allem in den empirischen Wissenschaften immer häufiger auch verbal formulierte Titel, die den Hauptbefund einer Studie andeuten:

> The intrinsic functional organization of the brain is altered in autism (neuro)
>
> The Hydrophobic Pocket Contributes to the Structural Stability of the N-Terminal Coiled Coil of HIV gp41 but Is Not Required for Six-Helix Bundle Formation (biochem)

Auch diese Titel lassen sich wiederum in die oben genannten Schemata einfügen, z. B. Schema 5:

> Virtual reality training improves operating room performance: results of a randomized, double-blinded study (med)

Bisher eher selten werden Titel auch als Fragen formuliert:

> Does the use of electronic medical records improve surrogate patient outcomes in outpatient settings? (med)
>
> Does the playing of chess lead to improved scholastic achievement? (edu)

Auch hier sind Rekombinationen möglich:

> Comprehensive Performance Assessment: The crock of gold at the end of the performance rainbow? (eco)

Man beachte, dass Nominalphrasen in Titeln häufig mit dem **Nullartikel** stehen: *relationship of walking to mortality* statt, wie üblich, *the relationship of walking to mortality*.
Ganz ähnliche Prinzipien lassen sich auf die Gestaltung der Überschriften anwenden. Auch hier sind nach wie vor insbesondere **nominale Strukturen** üblich. Die Überschriften bilden ein logisch aufgebautes Gerüst, welches die Aufmerksamkeit des Lesers steuern soll. Grundsätzlich gilt, dass Formulierungen, die im Titel und/oder im Abstract vorkommen, in den Überschriften wiederkehren sollten und dass die syntaktische Struktur von Überschriften einheitlich sein sollte. Unterabschnitte sollten nach Möglichkeit gleichmäßig verteilt werden; besteht ein Unterabschnitt nur aus einem Absatz, ein anderer aus zehn, ist eine Umstrukturierung zu erwägen. Die folgende Artikelstruktur liefert ein gelungenes Beispiel aus den Umweltwissenschaften:

Larval development rate of the mosquitoes Culex quinquefasciatus and Aedes aegypti (Diptera: Culicidae) varies between clutches: implications for population ecology

Introduction

Materials and Methods
Effects of embryonic incubation temperature on the rate of larval development of Culex quinquefasciatus
Differences in larval development time between clutches of field-collected Culex quinquefasciatus eggs
Differences in larval development time between clutches of colonised Aedes aegypti
Calculations of sample size required to determine mean development time in future laboratory experiments
Mosquito population modelling to demonstrate the ecological impact of larval development rate variation

Results
Effects of embryonic incubation temperature on the rate of larval development of Culex quinquefasciatus
Differences in larval development time between clutches of wild-collected Culex quinquefasciatus eggs
Calculations of sample size required to determine mean development time
Mosquito population modelling to illustrate impact of variation in larval development rates

Discussion

(Australian Journal of Entomology, 51/1, 2012: 22–27)

2 Sprachliche Probleme und Lösungsstrategien

2.1 Wortebene

Einheit 1: Übliche Wortverbindungen und Konstruktionsmuster

Wie bereits in Teil 1 festgestellt wurde, sind schriftliche Texte in den empirischen Wissenschaften in hohem Maße konventionalisiert. Diese Konventionalisierung findet sich auch auf der Ebene der Wortverbindungen wieder. Es empfiehlt sich daher, Wörter nur so zu verwenden, wie man sie auch in authentischen fachspezifischen Kontexten vorfindet. Besonders wichtig sind dabei zwei Typen von kontextuellen Verbindungen:

- **Wortverbindungen** („Kollokationen") = Verbindungen von zwei oder mehr Wörtern oder Wortgruppen (Wort a + Wort b + ... + Wort n: *conduct* + *research, interesting* + *line of research*)
- **Konstruktionsmuster** („Valenzstrukturen") = Verbindung eines Wortes oder einer Wortgruppe mit einer grammatischen Struktur, innerhalb derer die Platzhalter *someone* und *something* gebraucht werden können (*ascribe something to something, research on something*)

Im Folgenden soll eine kleine Sammlung von **Verben und ihren Konstruktionsmustern** vorgestellt werden, mithilfe derer Handlungen von Forschern beschrieben werden können (s. Tabelle unten). Diese werden nach ihrer Semantik in vier Gruppen aufgeteilt (Kognition, Diskurs, Forschung und sonstige); Zweck dieser Auflistung ist neben der Lernbarmachung der **wichtigsten „Wissenschaftsverben"** die Vermeidung von Transferfehlern aufgrund unterschiedlicher Konstruktionen im Deutschen und Englischen. **Typische Fehler** sind z. B. *describe that, analyse whether* (vereinzelt auch bei Muttersprachlern anzutreffen) oder *it was investigated how/whether/why* ... (letztere Struktur ist nur bei *show* und *see* üblich). Diese Fehler lassen sich wie folgt vermeiden bzw. korrigieren:

***Miller (1952) described that ...** → Miller (1952) described how/ demonstrated that/observed that/documented that **(usw.)**

***We analyse whether this theory is plausible.** → We investigate/examine/ explore whether this theory is plausible. // An attempt will be made to determine whether this theory is plausible.

***In section 5 it will be examined how a decision table can be transformed** → Section 5 will examine how a decision table can be transformed

***With respect to the German Bight coastal waters, it will be examined how data from permanent stations and remote sensing systems can be combined ...** → With respect to the German Bight coastal waters, an attempt will be made to show / examine how ... / an examination will be made of the ways in which ...

Wie aus den letzten drei Beispielen ersichtlich, lassen sich deutsche Formulierungen wie „es soll untersucht werden, wie" aktiv mit *we (will) examine how* oder in unpersönlichem Stil mit verschiedenen Wendungen wiedergeben, die aus einem Substantiv und einem Verb bestehen, wobei die Präpositionalphrase hinter das Verb gestellt wird:
an account will be given of ...
an examination will be conducted of (how) ...
an analysis will be made / undertaken of
an overview will be given / presented of

Es folgt eine Darstellung der wichtigsten Konstruktionsmuster der verschiedenen Verbtypen.

Satzbau	**Kognition: eher Präsens**	**Diskurs: häufig Präsens**	**Forschung: häufig Präteritum**	**Sonstige Verben**
+ *that* (auch Passiv, z. B. *it has been* V-*ed that*)	assume, believe, doubt, hypothesize, realize, recognize, speculate, think	add, assert, argue, claim, conclude, emphasize, maintain, note, point out, propose, recommend, report, say, state, suggest, write (selten passiv)	demonstrate, determine, document, establish, estimate, examine, find, indicate (selten passiv), notice, observe, reveal, show	

+ Objekt	assume, believe, categorize, classify, compare, concentrate on, correlate, define, doubt, focus on, hypothesize, interpret, monitor, realize, recognize	add, argue, claim, deal with, discuss, emphasize, maintain, note, point out, predict, present, propose, report, suggest	analyse, assess, calculate, collect, describe, demonstrate, detect, determine, develop, discover, estimate, evaluate, examine, find, identify, illustrate, indicate, investigate, measure, model, notice, observe, obtain, prove, reveal, show, study, treat, use	achieve, address, adopt, apply, carry out, conduct, construct, create, design, enhance, extend, expand, formulate, generate, implement, improve, perform, produce, provide, receive, simulate, solve, undertake
+ how / what (seltener auch: why / when / where)	consider, realize	discuss, note	assess, describe, demonstrate, determine, examine, explain, explore, find, illustrate, observe, reveal, show	
Passiv: it + be V-ed + why/ how/…	see		show	
Passiv: to + Infinitiv (*X was hypothesized to have evolved gradually*)	assume, believe, consider, hypothesize, regard, suspect, think	argue, claim, note, report, say	demonstrate, estimate, find, observe, show	

An den Verben *examine* und *analyse* sollen nun typische Konstruktionseigenschaften dieser beiden Verben detaillierter veranschaulicht werden (s. Tabelle unten).

Subjekt	**Aktives Verb**	**Ergänzung 1**	**Ergänzung 2**
Miller (2012) The analysis We	examined investigated	two hypotheses video recordings	**for** body language
Miller (2012) The study We	examined analysed	why … how … to what extent …	
Hyland (2010)	analysed	and compared	
Ergänzung 1	**Passives Verb**	**typische Fortsetzungen**	
cerebrospinal fluid	was examined was analysed	to determine **for** specific proteins for concordance with prior results **by** electrophoresis	**for** specific proteins
improvement	was examined	**against** a set of guiding principles **as** a categorical variable **in terms of** the way in which …	
lexical items	were analysed	in terms of semantic features as performatives as contributing to …	

Datenquellen oder Forschungsgrundlagen werden häufig in der Konstruktion V + *from* + Nominalphrase angeführt, z. B.:
The true rehabilitation potential (y) of these clients can be reliably assessed from health service data.

Verben, die in diese Kategorie fallen, sind:
adapt, assess, calculate, compute, deduce, determine, develop, estimate, evaluate, evolve, form, gather, generate, illustrate, infer, measure, modify, obtain

Neben der Konsultation der obigen Tabellen und einsprachiger Wörterbücher sind zwei Strategien besonders erfolgversprechend, um Konstruktionen richtig gebrauchen zu lernen:

- Das **Lesen von Fachtexten** in Hinblick auf ihre sprachliche Form. Typische Wortverbindungen und typische Konstruktionen können z. B. mit unterschiedlichen Zeichen am Rand markiert werden.
- Die **Sammlung von Fachtexten in rechnerlesbarer Form.** Die Texte können so ausgewählt werden, dass sie genau auf ein spezifisches Schreibprojekt zugeschnitten sind. Laden Sie die Texte aus dem Webangebot der jeweiligen Zeitschriften herunter und konvertieren Sie diese mithilfe geeigneter Software (Internet: „convert pdf to txt") in Text-Format (Dateiendung *.txt*). Speichern Sie sämtliche Texte in einem Verzeichnis Ihrer Festplatte. Mithilfe eines **Konkordanzprogramms** können Sie dann nach Wörtern, Wendungen oder Konstruktionen suchen. Der Vorteil des Konkordanzprogramms gegenüber einer Datei in einem Textverarbeitungsprogramm ist die Darstellungsform: das Suchwort erscheint zentriert und die jeweiligen rechten und linken Kontexte lassen sich beliebig ordnen. So lässt sich in Sekundenschnelle ermitteln, wie ein Wort in Ihrem spezifischen Fachgebiet eingesetzt wird. Um Sie mit der Handhabung von Konkordanzen vertraut zu machen, werden in Übung 1 zunächst zwei allgemein gebräuchliche Wörter (*research, assumption*) in didaktisierten Konkordanzen vorgestellt.

Übung 1

Betrachten Sie die folgende Konkordanz des englischen Wissenschaftsnomens *research*. *Research* geht verschiedene Verbindungen mit Präpositionen ein; mit welchen Klassen von Substantiven verbindet sich ***research*** jeweils?

… E 1st June 1998 Contents Section 1	*[[Research]]*	*into the text book approach to angles, …*
… fundamental advances made in biological	*[[research]]*	*of the last 50 years. These activities …*
… ustice in allocating organs, as well as	*[[research]]*	*into the psychological and social impac …*
… Bank, B. J. et al (1985). Comparative	*[[research]]*	*on the social determinants of adolescen …*
… 'mind' at all, is a matter of current	*[[research]]*	*and debate. In making decisions we are …*
… he winter season of 1933-34 doing field	*[[research]]*	*among the Hopi. But when he returned to .*
… tems. Berkeley, CA: National Center for	*[[research]]*	*in Vocational Education, University of …*
… erently to the same initiative. Further	*[[research]]*	*by Sackmann (1991) suggests that it i …*
… as with individual clients. Future	*[[research]]*	*may explore the possible correlation be …*
… uba. While it is easier to engage in	*[[research]]*	*about the United States, there are s …*
… ider in much greater detail the lexical	*[[research]]*	*of the 1920s and 1930s and the diction …*
… s far from complete. Application of the	*[[research]]*	*into the grammatical structures that ch .*
… t, and maize have been at the center of	*[[research]]*	*and breeding efforts related to agricul …*
… y partner to remain at the forefront of	*[[research]]*	*and development. The second case outlin ..*
… ettered discourse, including freedom of	*[[research]],*	*commentary, and criticism, all based o …*
… in the minority, and the main focus of	*[[research]]*	*has been a second group known as develo*
… alls into three categories: laboratory	*[[research]]*	*on bargaining behavior by experimental ..*
… ought to be the most promising lines of	*[[research]].*	*Throughout the book, the reader ma …*
… rogram evolved into four major lines of	*[[research]]:*	*(1) computer architecture and system d …*
… ined in Chapter 2, ultimate outcomes of	*[[research]]*	*into fundamental processes are seldom p .*
… of asking for the practical outcomes of	*[[research]]*	*conducted in the previous year. …*
… nd it difficult to evaluate outcomes of	*[[research]]*	*that deal with the complexity of the re …*
… te when he or she feels euphoric. Other	*[[research]]*	*has shown that intravenous infusion of …*
… refore, it cannot serve the purposes of	*[[research]]*	*into the etiology or treatment of possi …*
… nbsp; Another remarkable piece of	*[[research]]*	*was triggered by his lifelong passion f …*
… s). One major shortcoming of most prior	*[[research]]*	*is that it focuses on the selection pro …*
… s were difficult to sustain. Most prior	*[[research]]*	*in the soft areas of psychology used a …*
… ow these organizations work. Much prior	*[[research]]*	*suggests that virtual organizations, fo …*
… achieve sufficient self-efficacy. Prior	*[[research]]*	*showed that new users who had been on t*
… d research interests on the spot. Prior	*[[research]]*	*can be cited to the degree that it bear …*
… e able to learn using technology, prior	*[[research]]*	*has shown that student preferences may ..*
… dy. Third, consistent with previous	*[[research]],*	*we find that preadult inter- racial c …*
… urses. This is consistent with previous	*[[research]]*	*and the belief that TeleKidcare® would …*
… on the MFQ, consistent with previous	*[[research]]*	*on adolescents (Lewinsohn et al, 1993). …*
… articles that report on the results of	*[[research]]*	*on teaching alternatives; discuss the s …*
… ucture to oversee large-scale sponsored	*[[research]]*	*at the University of California. Behind …*
… the principal publishing outlet of the	*[[research]]*	*of the early Durkheimian school. It was …*
… Does it work? Apparently. According to	*[[research]]*	*by the Michigan Department of Transport .*

a. sehr allgemeines oder breit angelegtes Thema	***research about***	_____
b. Thema	***research in***	_____
c. Forscher oder Forschergruppe	***research into***	_____
d. Ort	***research on***	_____
e. Population	***research by***	_____
f. Zeit	***research of***	_____
	research among	_____
	research at	_____

Übung 2

Übersetzen Sie nun die folgenden Sätze mithilfe der obigen Konkordanz. Verwenden Sie zur Übersetzung des rechten und linken Kontextes von Forschung nur Versatzstücke aus der Konkordanz. (Hinweis: Die Übung dient lediglich der Sensibilisierung für idiomatische Wortverbindungen und sprachliche Kontraste; sie soll nicht suggerieren, dass beim Schreiben häufig übersetzt werden sollte.)

1. *Er bleibt stets auf der Höhe der aktuellen Forschung und Reflexion. (Kontext: Rezension)*
2. *Ein Ansatzpunkt für weitere Forschung ist die Frage nach dem terminologischen Werkzeug, das …*
3. *Aus anderen Forschungsarbeiten ist aber bekannt, dass …*
4. *Primärer Untersuchungsgegenstand betriebswirtschaftlicher Forschung waren bisher die logistischen Systeme von Industrie- und Handelsunternehmen …*
5. *Wie die bisherige Forschung gezeigt hat, …*
6. *Im Einklang mit der bisherigen Forschung verweist er zunächst auf Lessings Bekanntschaft mit Jerusalem …*
7. *… in denen die Ergebnisse der Forschung zum Problembereich der Führung zusammengefasst werden*
8. *die Freiheit der Forschung*
9. *Es sollen vielmehr die Hauptrichtungen in der Forschung aufgezeigt werden.*
10. *Forschung auf dem Gebiet der Bienenzucht*
11. *Im Mittelpunkt der Forschung steht bis jetzt die Frage, ob …*
12. *Eine weitere beachtenswerte Forschungsarbeit hatte ihren Ursprung in …*
13. *Jegliche Forschung am Embryo muss verboten sein.*

Übung 3

Verfahren Sie genauso mit der Übersetzung der folgenden Sätze, die das deutsche Substantiv Annahme enthalten.

Clearly, the only way to discover whether this	*assumption*	*is true is to consider data on*
since it is later found in the Hittite camp, the	*assumption*	*seems safe that a willing member of the*
of the bishop of Dunwich, leads A.S. Cook to the further	*assumption*	*that he was a priest*
it may show a loss of twenty per cent. It is a reasonable	*assumption*	*that the total influence of the*
Recently, postmodern theory has explicitly challenged the	*assumption*	*that teaching the discourse practices*
the general organizational theory literature supports the	*assumption*	*that structure is an important element*
elements. The agreement holds, however, only on the	*assumption*	*that the amount of ordinary matter*
nced "kisquared." It is called this because, under the	*assumption*	*of independence of the two traits, the*
s of prize juries, but to hold back those books under the	*assumption*	*that juries are more likely to call*
major platforms such as ships could be built under the	*assumption*	*that crew would be found to perform*
us the hazards remain proportional. In order to test this	*assumption,*	*the results may be represented*
levant aspects of their shared environments. To test this	*assumption,*	*we assessed twin similarity for for*

1. *Dieser Sachverhalt stützt die Annahme, dass Neu Guinea von Australien aus besiedelt wurde.*
2. *Unter der Annahme, dass die Assets kurzfristig nicht liquidierbar sind, impliziert typischerweise Illiquidität im Modell auch Insolvenz.*
3. *Um diese Annahmen zu überprüfen, wurde aus dem standardisierten Angstfragebogen (STAI) die Subskala Angst ausgewählt.*
4. *Daher wird in neueren Forschungsrichtungen zunehmend versucht, diese Annahme in Frage zu stellen.*
5. *Des Weiteren drängt sich die Annahme auf, dass sich diese zwei Lesarten historisch parallel entwickelt haben.*
6. *Ob diese Annahme generell zutrifft, soll ein Blick auf die Publikationssituation im Bereich der neulateinischen Philologie zeigen.*

Übung 4

In den folgenden Sätzen finden sich Konstruktionsfehler, die häufig von deutschen Schreibern begangen werden. Korrigieren Sie diese ggf. mithilfe eines einsprachigen Wörterbuchs (im Internet verfügbar sind z. B. das ***Cambridge Advanced Learner's Dictionary*** und das ***Oxford Advanced Learner's Dictionary***).

1. *Criticisms on Kaplan's and Clyne's studies have focussed on their culture-bound values.*
2. *We analyse whether regional mobility is systematically related to long-distance moves in some sectors and short-distance moves in others.*
3. *It comes out that the gains of regional migration are highest for those workers who move from rural low-wage areas to metropolitan high-wage areas.*
4. *Miller reformulated the dual model and proposed a 'polypragmatic' explanation of hedging in scientific writing, based on an analysis of research articles on biology.*
5. *There is no possibility to 'correct' our view of reality if the perceptions were false.*
6. *Resnick suggests to incorporate more of the features of successful out-of-school learning by the use of simulated work environments.*
7. *Attempts of integration have led to the concentration of certain groups in comparatively small areas.*
8. *In her poems, short stories and fairy tales, Tekinay describes 35 social problems, attempting to voice the concerns of those who are often the most discriminated in German society, the TurkishGermans.*
9. *It therefore enables insights in actual processes of language change.*

10. *This proposal aims at bringing a novel engineering-driven perspective to this growing and exciting field.*
11. *The literature on contracting out has developed several criteria to assess the performance of tendering systems.*
12. *They refrain from large wage increases in order to reduce the probability that wages have to be cut at a cost in the future.*
13. *The analysis for Germany also provides some insights about whether Elsby's predictions can be observed in a country that may already be affected by wage compression.*

Übung 5

Im Englischen gibt es einige leicht verwechselbare Wörter, die sich nur durch ihre Endungen unterscheiden. Ordnen Sie die folgenden Wörter ihren Kollokationspartnern zu.

a) classic – classical b) economic – economical c) electric – electrical d) historic – historical

	music, mythology, tradition, theory, literature, logic
	environment, victory, townscape, building, city
	materialism, linguistics, atlas, fact, fiction, perspective, significance, precedent, record(s)
	engineer, engineering, switchgear, interference, stimulation, conductivity, impulse, equipment, circuit, retailer
	example, tale, comedy
	guitar, fence, cooker, heater, motor, heating, lighting, pump, shaver
	prosperity, downturn, well-being, migrant
	car, fashion (in an … fashion)

Übung 6

In dieser Übung geht es um die Konstruktionen von Substantiven und Adjektiven, d.h. vor allem den Präpositionsgebrauch. In den Lösungen finden Sie Hinweise auf bedeutungsähnliche Wörter, die jeweils mit den gleichen Präpositionen gebraucht werden (häufig im Gegensatz zum Deutschen).

1. *The most prominent mental symptom ______ Alzheimer's disease is the progressive and severe decline in memory functioning.*
2. *______ central relevance ______ this approach are research findings in two main areas*
3. *Obviously, if the structures one actually observes bear no relationship ______ these underlying models, we must radically reconsider the usefulness of the model.*
4. *Red cloaks, for example, were typical ______ the Spartans.*
5. *If so, then there is a strong possibility that the subjects' attitude ______ (use the correct form of the verb complete) the test may have affected the results as much as their knowledge.*
6. *Their contact ______ the community could produce valuable sources ______ information.*
7. *The focal learning experience in the course will be the student's relationship ______ a patient ______ a life-threatening illness.*
8. *Thus a key aspect ______ these verbs is their relationship ______ likelihood, necessity and ability.*
9. *The infant's relationship ______ the breast is an equivocal one.*
10. *There is considerable debate ______ whether the caste system is specific to Hindu culture.*
11. *In such trials, it was typical ______ defendants to claim that they were only sharing/borrowing the objects in question.*
12. *The ash does not give a correct measure ______ what the plant needs.*
13. *Through Mall's influence, Ludwig's attitude found reflection in Florence's proverbial generosity ______ students and colleagues alike.*
14. *The immediate popularity of the book was evidence ______ the change in taste.*
15. *Socrates, the herald ______ an ontology of substance?*
16. *Contact ______ Zoroastrianism, reaction ______ the early Christian church and incessant persecution led to modifications ______ the Jewish faith.*
17. *She proved painfully allergic ______ Calvinism, and resisted the insistent theology and discipline with which it was daily administered.*
18. *They carry their antagonism ______ the „legal" system to the very verge of Antinomianism.*
19. *Aestheticism flourished partly as a reaction ______ the materialism of the burgeoning middle-class.*

Übung 7

In dieser Übung geht es exemplarisch um einige der häufigsten Wissenschaftswörter und die Kollokationen, die diese eingehen (vgl. Durrant 2008). Wählen Sie die passenden Wörter aus der folgenden Liste aus, um die Sätze zu vervollständigen; eine Gruppe von drei Sätzen muss jeweils mit dem gleichen Wort komplettiert werden. Für jedes Wort wurden besonders typische Kontexte und Wortverbindungen ausgewählt, so dass sich die Sätze auch als Modelle für das eigene Schreiben eignen.

address • obtain • ascribe to • assume • reveal

a) *To _____ the question, I estimate cross-city models of the form …*
A reflexive, historically grounded, empirical research agenda should _____ these issues.
In each case, reformers are calling for new social welfare programs to _____ their concerns.

b) *In so doing, patterns of contextual influences are _____ where previously only chaos was apparent.*
An analysis of the test booklets _____ that in one sample, there were 43 Active items per booklet for students in stream A and B …
Comparative philology, which _____ that Hebrew was not, as most Evangelicals believed, unique and set apart from other languages, further eroded …

c) *Many of the so-called psychologic effects previously _____ chorea were due not to the disease itself, but to the associated scholastic deprivation and to the patients …*
A famous tombstone inscription, _____ him, seeks to gain him a peaceful death as well.
Cardiovascular effects similar to those seen in atherosclerosis have been _____ C52 exposure.

d) *It was _____ throughout that parts of lines must have extent.*
From this view, it is a misunderstanding to _____ that the social emerges out of individual actions …
It was _____ earlier that the viability of the "sister" cells is the same, but it was recently clearly established that this is not the case …

e) *The information in Table 3 was _____ from these documents.*
A battery of physiological methods was set up to _____ the most reliable measurements.
For 20 years, she could not _____ a faculty position.

Übung 8

In der folgenden Übung geht es um typische Kollokationsfehler. Korrigieren Sie diese mithilfe eines einsprachigen Wörterbuchs, eines Kollokationswörterbuchs oder einer Suchmaschine.

1. *Each participant received a handout for own comments.*
2. *Each round was scheduled with 3 minutes.*
3. *Deficiencies concerning provision of anti-smoking interventions have been revealed.*
4. *Although there is some evidence on the usefulness of mobile viral marketing from marketers' perspective, little is known about the motivations, attitudes, and behaviors of consumers engaged in this marketing instrument.*
5. *Complex systems are often composed of a large number of different interacting entities. Even if the functionality of single entities is well understood, the system as a whole may show amazing phenomena, which cannot be explained by studying merely pairs of entities.*
6. *Complexity of networks has become a recent topic of great importance.*
7. *Conversely, the development of thorough models and analytical tools will provide deeper insight into the principles of biological networks.*
8. *The Max-Planck-Institute … and the University of … are both engaged in work in the area of the physics of complex systems.*
9. *Key point will be a holistic approach, comprehending systems as a whole and not through through its isolated points.*
10. *Erlang's research aim was to derive predictive models for complex telecommunication transactions.*
11. *The approach will be to quantify to which amount the failure of a single channel impacts the functionality of the system as a whole.*
12. *We believe that the derived tools are of high interest to non-biological networks.*
13. *We regard a period after a policy reform in 2005 that introduced a new means-tested benefit.*
14. *These workers are harder to place into available jobs. Therefore it is an interesting question whether groups of people with different employment probabilities benefit to a different extent from an assignment to a private placement service.*
15. *Plenty of studies document the existence of downward nominal wage rigidity.*
16. *Both conference presentations and research articles underlie temporal or spatial constraints.*

17. *The focus of this paper is to analyze instruments an innovative company can use in order to prevent competitors from entering into the market.*
18. *Following these criteria we analyzed several empirical studies on their findings on barriers to entry. The result is the following list of types of barriers.*
19. *The summary of important results as well as an outlook conclude the article.*

Einheit 2: Partizipien und Infinitive

Besonders häufig unter den im vorhergehenden Abschnitt genannten Konstruktionsmustern sind Formulierungen mit einem Partizip. Diese bieten eine willkommene Alternative zu nominalen Formulierungen an, die meist länger und schwerfälliger wirken (vgl. a. Einheit 7 und 8).

Negativbeispiel
He consequently argues for an approach towards bilingual education which focuses on the development of an awareness of the constructed nature of culture and a reflection about personal cultural identity.

In diesem Beispiel führt die Verwendung des Substantivs *development* zu einer Reihung dreier Phrasen mit *of*, die sich durch den Einsatz eines partizipialen Konstruktionsmusters (*developing*) auf zwei reduzieren lassen:

Korrektur
He consequently argues for an approach towards bilingual education which focuses on **developing** an awareness of the constructed nature of culture and helps students reflect on their own cultural identity.

Verben, Adjektive und Substantive, die derartige Partizipialkonstruktionen zulassen, sind riesig an der Zahl und lassen sich hier aus Platzgründen nicht erschöpfend aufzählen. Die untenstehende Tabelle führt daher nur einige besonders häufige Konstruktionen auf, in denen jeweils ein Partizip auf ein Verb, das mit einer Präposition gebraucht wird, folgen kann. Wir haben uns hier der Einfachheit halber auf Fälle beschränkt, in denen der vom Partizip eingeleitete Satzteil direkt nach dem Verb steht.

V + *on* + V-*ing*
focus/concentrate on, **depend/rely** on, **plan** on, **work** on, **insist** on, **be based** on, **be bent** on

V + *in* + V-*ing*
assist/aid/help in, **participate** in, **engage** in/be engaged in, specialize in, succeed in, be used in

V + against + V-ing
be against, **caution/warn** against, **argue** against, **advise** against, **decide/vote** against, **guard** against

V + *with* + V-*ing*
be associated with, **be charged** with, **cope** with, **be credited** with

V + *to* + V-*ing*
amount to, **resort** to, **turn** to, **adapt** to, be **committed/devoted** to, be **accustomed/used** to, be **related** to, (when it) **come**(s) to

ADJ + *in* + V-*ing*
interested in, **involved/inherent** in, **useful/helpful/successful/(in)effective/efficacious/beneficial** in, **important/instrumental/significant/pivotal/decisive/influential/(ir)relevant** in, **slow/late** in (+ coming), **cautious** in (+ interpreting), **alone** in, **correct** in, **critical**, **inherent**, **skilled/proficient** in

ADJ + *on* + V-*ing*
be intent on, **be dependent/contingent** on, **keen/insistent** on

ADJ + *of* + V-*ing*
(in)capable of, **fond** of, **tired/weary** of, **guilty** of, **(un)worthy** of, **(un)aware** of, **wary** of, **indicative/symbolic/predictive** of

ADJ + *for* + V-*ing*
crucial for, **essential** for, **helpful** for, **important** for, **irrelevant** for, **necessary** for, **relevant** for, **responsible** for, **useful**

ADJ + *to* + V-*ing*
akin to, **central** to, **conducive** to, **critical** to, **crucial** to, **equivalent** to, **essential** to, **fundamental** to, **important** to, **integral** to, **irrelevant** to, **key** to, **relevant** to, **vital** to, **tantamount** to

N + *for* + -*ing*
criteria for evaluating, **basis** for determining, **reasons** for believing, **suggestions** for improving, **justification** for believing, **strategies** for implementing, **basis** for analysing, **procedure** for applying, **rules** for determining, **system** for predicting,

argument for saying, **context** for interpreting, **procedure** for dealing with, **frame of reference** for thinking about, **framework** for understanding, **language** for describing, **instructions** for making, **machinery** for resolving, **instrument** for measuring, **methods** for identifying, **means** for assessing, **tool** for helping, **responsibility** for managing, **opportunities** for enhancing, **mechanism** for protecting, **metaphor** for describing, **policy** for dealing with, **possibilities** for understanding, **vehicle** for expressing, **technique** for obtaining, **starting point** for exploring

N + *of* + *-ing*
possibility/likelihood/probability of doing, **method** of doing, **way(s)** of describing, **danger** of being, **means** of achieving, **cost** of providing, **effect** of making, **advantage** of using, **process** of making, **prospect** of being, **problem** of deciding, **risk** of having, **difficulty** of finding, **task** of determining, **process** of creating, **means** of assessing, **importance** of maintaining, **practice** of using, (for/with the) **purpose** of making, **idea** of creating, (have higher/lower) **odds** of reporting, (after 10) **years of working** (in India), **goal/aim** of helping, **hope** of achieving, **comfort** of knowing

N + *in* + *-ing*
role in shaping, **difficulty** in obtaining, **interest** in maintaining, **usefulness/effectiveness/success** in determining, (play some/a) **part** in determining, **skill(s)/competence** in using, **assistance/help** in preparing, **experience** in dealing with, **factor/variable** in explaining, **participation** in designing

N + *to* + *-ing*
approach to learning, (on its/his [usw.]) **way** to becoming, **commitment** to enabling, **guide** to deciding, **clue** to understanding, **obstacle** to regarding, **key** to understanding, **resistance** to modernizing, **response** to helping, **alternative** to solving, **route** to establishing, **impediment** to developing, **barrier** to obtaining, **contribution** to changing, **prerequisite** to improving, **devotion** to promoting, **objection** to using, **limits** to applying, **limitation** to making

N + *with* + *-ing*
difficulty/trouble/problem/issue(s) with doing, **concern/ preoccupation/obsession** with producing, **experience** with playing

N + *from* + *-ing*
gain/benefit/loss from using, **exemption** from paying, **revenue** from selling

N + *from* + *-ing* + *to* + *-ing*
move from (using authentic materials) to using (ready-made published materials), **progression, shift, change in** (e.g. focus), **transition**

Darüber hinaus findet man natürlich auch häufig Konstruktionen, in denen das Partizip erst die zweite Ergänzung einleitet. Die meisten solcher Konstruktionen sind in Wörterbüchern verzeichnet (*prevent / exclude / keep / hinder / restrain / forbid / discourage / dissuade / deter / preclude / bar / prohibit / stop sb from doing sth* usw.), aber manche wichtige Konstruktionen der Wissenschaftssprache fehlen. Beispiele:

free sb from + V-ing
give priority to + V-ing
devote time/effort/resources to + V-ing
gain enjoyment/knowledge/relief from + V-ing
obtain data/input/satisfaction from + V-ing
derive pleasure from + V-ing
place emphasis on + V-ing
They **may derive pleasure from learning** more about the country.
Increased emphasis **should be placed on developing** such programs …

Übung 9

In welchen der folgenden Sätze würden Sie die Nominalkonstruktion durch eine Partizipialkonstruktion ersetzen?

1. *They must decide on the adoption of one of the possible solutions.*
2. *He devoted much time to the copying of the scriptures.*
3. *Racism appears to be a major factor in the explanation of wage differentials.*
4. *Workers derive satisfaction from the fact that they are given responsibility for their work.*
5. *There is a small amount of conventional fuel involved in the production of biomass of this type.*
6. *Special emphasis should be placed on the development of students' capacity of effective self-learning.*

Übung 10

Infinitiv oder Partizip?

1. *The idea ________________ (create) an extensive collection of magnetic fields has been widely studied.*
2. *This will close off the possibility ________________ (have) someone else as your business associate.*
3. *This route ________________ (establish) a community is often unsuccessful.*
4. *The most common approach ________________ (treat) insomnia is the prescription of a sedative.*

5. *This is an argument _______________ (say) that such laws ought to be directly effective.*
6. *It is a good idea _______________ (make) notes.*
7. *Students underwent a kind of strategy training with the aim _______________ (transform) their perceptions.*
8. *Suppose that you were faced with the task _______________ (determine) the level of the next sampled voltage.*
9. *His concern was _______________ (create) a scholarly version of this part of the Bible.*
10. *Outdoor water play allows children to freely explore fluids without the concern _______________ (keep) water in a confined space.*

Einheit 3: Die Tücken der Wörterbücher

Eine der am häufigsten eingesetzten Strategien im fremdsprachlichen Schreibprozess ist die Suche nach dem richtigen Ausdruck in Referenzwerken aller Art. Heute stehen vor allem zweisprachige Internetwörterbücher immer höher im Kurs. Unter diesen sind jedoch nur die Ableger von professionellen Wörterbüchern relativ bedenkenlos zu empfehlen (z. B. www.pons.eu); unter den nicht-professionellen Wörterbüchern ist am ehesten dict.cc eine gelegentliche Konsultation wert, allerdings nur, wenn es um die Suche nach Stichwörtern geht, die in den professionellen Wörterbüchern nicht verzeichnet sind. Alle nicht-professionellen Onlinewörterbücher weisen erhebliche Defizite im Bereich der Kollokationen und Konstruktionen auf (Siepmann 2012).

Einsprachige Wörterbücher, die in erster Linie für die Textrezeption von Muttersprachlern konzipiert sind (z. B. www.oed.com; Vollversion über Universitätsbibliotheken), eignen sich nur eingeschränkt für das wissenschaftliche Schreiben in der Fremdsprache Englisch, da keine expliziten Hilfestellungen für die Textproduktion verfügbar sind. Für letzteren Zweck eignen sich besser die sogenannten einsprachigen Lernerwörterbücher, von denen hier die wichtigsten aufgeführt seien:

Cambridge Advanced Learner's Dictionary	http://dictionary.cambridge.org/dictionary/british/
Oxford Advanced Learner's Dictionary	http://oald8.oxfordlearnersdictionaries.com/
Longman Dictionary of Contemporary English	http://www.ldoceonline.com/

Macmillan English Dictionary	http://www.macmillandictionary.com/
Collins Cobuild English Dictionary (4. Auflage)	http://dictionary.reverso.net/english-cobuild/
Oxford Advanced American Dictionary (AE)	http://oaadonline.oxfordlearnersdictionaries.com/
Merriam-Webster's Learner's Dictionary (AE)	http://www.learnersdictionary.com/

Einsprachige Wörterbücher sollten stets zur Überprüfung potentieller Äquivalente eingesetzt werden, die man in zweisprachigen Wörterbüchern findet. So können Fehler wie der folgende vermieden werden:

Negativbeispiel
The exchange between physicians and other professionals promotes thinking and acting in economic and public health related contexts.

Offensichtlich wurde beim Verfassen des obigen Satzes der Wörterbuchartikel "Austausch" eines zweisprachigen Wörterbuchs konsultiert; das dort verzeichnete Äquivalent "exchange" wurde ohne weitere Prüfung übernommen. An dieser Stelle wäre aber ein Äquivalent wie „exchange of information" angemessener gewesen, wie ein Blick in einsprachige Wörterbücher gezeigt hätte:

Korrektur
Exchange of information between physicians and other professionals appeared to promote rational thinking and acting in economic and public health-related contexts.

Stichwörter, die in keinem Wörterbuch verzeichnet sind, lassen sich durch intelligente Suchstrategien häufig in Suchmaschinen finden. Der deutsche statistische Begriff „rechts-/linkssteil" z. B. ist zum Zeitpunkt der Erstellung dieses Buchs in keinem bekannten Nachschlagewerk verzeichnet. Man kann jedoch davon ausgehen, dass die englischen Äquivalente ebenfalls die Komponenten „right" oder „left" enthalten. Damit lässt sich folgende Eingabe in eine Suchmaschine machen: *rechtssteil linkssteil right left.*

So stößt man z. B. auf folgende Lösung:

> Deskriptive Statistik und moderne Datenanalyse: Eine ... – Seite 62
>
> books.google.com Thomas Cleff – 2008 – 202 Seiten – Vorschau
>
> So haben wir am Beispiel der Altersverteilung einer Studentenparty eine linkssteile/rechtsschiefe (engl.: right-skewed) ...

Es gibt einige deutsche wissenschaftsrelevante Wörter, die auf notorische Weise anfällig sind für Fehlübersetzungen (z. B. *Voraussetzung*; häufig = *environment, background, conditions, basis usw.*; Lernvoraussetzungen = *basic knowledge and skills, entry-level knowledge and skills* usw.; selten = *prerequisite*). Diese können hier nicht erschöpfend aufgezählt werden; eine brauchbare Hilfe bei der Übersetzung solcher Wörter stellt das Werk von Kraus (1999) dar.

Einheit 4: Übertragung deutscher Terminologie

Im Allgemeinen sollte man wissenschaftliche Texte direkt in der Zielsprache Englisch verfassen. Dennoch kann es vorkommen, dass ein Erkenntnisobjekt bisher nur auf Deutsch begrifflich erfasst und benannt worden ist. Wenn in Wörterbüchern oder Glossaren keine angemessene Übersetzung ins Englische zu finden ist (und auch die dort aufgeführten Äquivalente gilt es häufig kritisch zu prüfen; s. Einheit 3), muss man sich auf die Suche nach einem Äquivalent machen oder selbst eine angemessene Bezeichnung schaffen. Als Vergleichsmaßstab dient dabei eine genaue Definition des fachlichen Gegenstandes.

Haben wir es in den Naturwissenschaften mit einer eindeutig definierten, logisch strukturierten Fachterminologie zu tun, die gewöhnlich sicht- und/oder messbare Objekte und Prozesse bezeichnet, beruhen geisteswissenschaftliche Begriffsschöpfungen aufgrund ihres lebensweltlichen Bezugs auf einem allgemeinen sprachlichen Vorverständnis und Weltwissen, das die Wissenschaftler weiter ausdifferenzieren und präzisieren. Solche Begriffswörter entstammen häufig bestimmten „Schulen" und sind in ihrer aktuellen Bedeutung nur vollständig unter Berücksichtigung des jeweiligen kulturspezifischen Überlieferungshorizontes zu erfassen (vgl. Stolze 1999: 45); sie sind niemals völlig eindeutig, da ihre Bedeutung der ständigen Aushandlung im Diskurs unterliegt. Übersetzungen stellen somit in den Geistes- und Sozialwissenschaften immer nur Angebote dar, einen Einblick in die Hermeneutik der fremdkulturellen Denkschule zu gewinnen. So

verbirgt sich z. B. in der Soziologie hinter scheinbaren Nicht-Fachwörtern wie **„(alltägliche/familiäre) Lebensführung"** häufig eine Fülle impliziten Vorwissens.
Am Beispiel dieses Begriffswortes soll nun veranschaulicht werden, wie man bei der Übersetzung vorgehen kann.

Schritt 1: Machen Sie das implizite Vorwissen, das sich hinter dem Wort verbirgt, explizit. In unserem Fall lässt sich z. B. folgende soziologische Webseite als Quelle verwenden: http://www.arbeitenundleben.de/alf-Begriff.htm.

Dort erfährt man, dass der Begriff der *Lebensführung* sich genealogisch vor allem auf Max Weber zurückführen lässt, der ihn in seinen religionssoziologischen Arbeiten (teils synonym, teils aber auch mit variierender Bedeutung) parallel zu „Lebensstil" verwendet hat. Der Begriff wird allerdings zur Lifestyle-Forschung abgegrenzt, so dass sich schon hier zeigt, dass *lifestyle* keine adäquate Wiedergabe darstellen kann. Vielmehr geht es in Anlehnung an eine Münchener Forschergruppe (Voß 1995) um den Zusammenhang aller Tätigkeiten von Personen in ihren verschiedenen Lebensbereichen (Erwerbsarbeit, Familie, Freizeit, Bildung usw.). Thema ist damit das gesamte tätige Leben von Individuen, aber nicht in seiner gesamten „Länge" (wie es etwa Thema der Biographie- oder Lebensverlaufsforschung ist), sondern sozusagen in seiner „Breite". Gegenstand ist also nicht die Diachronie des Lebenslaufs (die jedoch ein wichtiger Hintergrund und Fluchtpunkt von Lebensführung ist), sondern vor allem die Synchronie des Alltags. Dabei interessiert zudem weniger die konkrete Vielfalt der einzelnen Tätigkeiten (wie sie etwa von der Zeitbudgetforschung oder der Zeitgeographie untersucht wird), als vielmehr ihr alltäglicher Zusammenhang. Es geht um das individuelle „Arrangement der verschiedenen sozialen Arrangements" von Personen. Dieses System der Alltäglichen Lebensführung ist nicht sozial vorgegeben und passiv übernommen, sondern es ist eine aktive Konstruktion der Betroffenen. In dieser Eigenlogik erfüllt *Lebensführung* wichtige Funktionen für die Person wie für die Gesellschaft und bildet schließlich ein bisher in der Soziologie weitgehend vernachlässigtes Vermittlungsglied im Verhältnis zwischen Individuum und Gesellschaft – eine Art *missing link* der Soziologie.

Schritt 2: Bei der nun folgenden Suche in englischsprachigen Textsammlungen oder Datenbanken gilt es, eine Strategie des klugen Ratens anzuwenden. So kann man z. B. nach Vorkommen von "daily life" oder „everyday life" in Texten suchen, die auf Voß 1995 (oder 1991) verweisen. (Genaue Eingabe z. B. *„daily life" Voß 1995*; dabei steht „daily life" in Anführungszeichen, da nur nach dieser Zeichenfolge gesucht werden soll; *Voß 1995* dagegen steht nicht in Anführungszeichen, da diese Zeichenfolge im gesamten Text von Büchern gesucht werden soll, in denen auch „daily life" vorkommt.) So findet man z. B. folgende Textstelle:

> Re-thinking mobility: contemporary sociology
>
> books.google.com Vincent Kaufmann – 2002 – 112 Seiten – Snippet-Ansicht
> In Germany, a branch of empirical research has developed since the 1980s around the notion of 'Alltägliche Lebensfuhrung', which could be translated as 'daily life management' (Kudeva and Voss 1995). In this view, everyday life is ...

Eine Suche nach "daily life management" in anderen Kontexten zeigt wiederum, dass dieser Begriff der deutschen Definition sehr nahe kommt, wenn auch teilweise Assoziationen zu Krankheitskontexten oder Zeitmanagement vorherrschen.
Eine Suche nach *"life" Lebensführung Weber* führt zu einer Diskussion bisheriger Übersetzungen:

> Chancengleichheit in akademischen Berufen: Beruf und Lebensführung ... – Seite 99
>
> books.google.com Bärbel Könekamp – 2007 – 199 Seiten – Vorschau
> Doch Weber verwendet den Begriff der Lebensführung nicht nur im Zusammenhang mit Ständen, sondern auch mit Blick auf die ... Die korrekte Übersetzung lautet „life conduct" (Abel/Cockerham 1993). Mittlerweile ist der Lebensstilbegriff ...

Wie oben bereits angesprochen, ist es jedoch zweifelhaft, im Zusammenhang von soziologischen Begriffen aus einem deutschen Verstehenskontext von einer „korrekten" Übersetzung zu sprechen. Allenfalls ließe sich prüfen, ob es sich um eine bereits mehrfach belegte und damit etablierte Übersetzung handelt. Dazu dient die Eingabe *„life conduct" Weber*. Es finden sich auf den ersten Blick zahlreiche Belege; bei einer genaueren Sichtung der Belege von muttersprachlichen Autoren fällt jedoch auf, dass *life conduct* meist in Anführungszeichen gesetzt wird, häufig in Verbindung mit der deutschen Übersetzung oder mit einer weiteren Umschreibung.

Beispiele:

Encyclopedia of social theory - Seite 69
Austin Harrington, Barbara L. Marshall, Hans-Peter Müller - 2006 - 723 Seiten
... of honour and to **a distinct way of 'life conduct' (Lebensführung)**

Researching Health Promotion - Seite 59
Jonathan Watson, Stephen Platt - 2002 - 304 Seiten
Yet, **'Lebensführung', translated literally, means life conduct** and refers to choice or self-direction in behaviour, not lifestyles.

Max Weber in America - Seite 132
Lawrence A. Scaff - 2011 - 311 Seiten
had a direct bearing on **the totality of a way of life or life conduct.** ...

Es ist davon auszugehen, dass eine bloße Nennung der direkten Übertragung *life conduct* nur bei ausgemachten anglophonen Weber-Spezialisten eine angemessene Konzeptbildung abruft; ansonsten ist die Wendung eher in Kontexten üblich, in denen es um die richtige Lebensführung in einem ethisch-religiösen Sinne geht. Selbst für die Gruppe der Weber-Spezialisten dürfte jedoch eine Neubildung wie „daily life conduct" keine geeigneten Assoziationen hervorrufen. Daraus folgt, dass Begriffe wie „alltägliche/familiäre Lebensführung" zunächst mithilfe von Benennungen einzuführen sind, die englischen Muttersprachlern vertraut sind, aber dennoch zur Verdeutlichung des deutschen Konzepts beitragen können.

Schritt 3: Daher ist es unumgänglich, häufig vorkommende bzw. übliche Formulierungen zu ermitteln, die zur Versprachlichung der genannten Konzepte dienen können, wozu wiederum Google Books oder das Google Books-Korpus von Mark Davies (http://googlebooks.byu.edu/) verwendet werden können. Eine Möglichkeit bestünde z. B. darin, sich zu fragen, wie *daily life* typischerweise durch andere Nomina im Englischen erweitert wird; die Eingabe dazu im Google Books-Korpus lautet: *daily life [n*].* So stößt man z. B. auf *daily life patterns.* Eine andere mögliche Eingabe lautet: *[n*] of daily life* (oder *daily living*); so findet man *the organization of daily life* oder *patterns of daily living.* Weitere Suchdurchgänge dieser Art und der jeweilige Abgleich mit dem Gebrauch in anderen muttersprachlichen Texten führen u.a. zu folgenden Kandidaten für eine Übersetzung von "alltäglicher Lebensführung" bzw. „familiärer Lebensführung":

daily life management (in families), the ways in which household/family members deal with the practical tasks of daily life, the organization of daily life (in families), daily life patterns / patterns of daily living, the ways in which family members' daily life patterns interact (to produce a family-specific outcome).

Zu vermeiden wären damit Übersetzungen von „Lebensführung" wie die folgenden (jeweils hervorgehoben), zumal eine Pluralisierung grammatisch ausgeschlossen ist.

Negativbeispiele
New requirements associated with 'doing family' emerge, and parents and their children have to develop new practices in order to (re-)organise the conduct of their daily life.

Firstly, for the functioning of the daily family life various individual conducts of everyday life with different structures, needs and interests must be harmonized and synchronized on a temporal, spatial, social and emotional level and coordinated to a joint conduct of family life.

Aus dem oben Gesagten ergeben sich folgende Alternativen:

Verbesserungsvorschläge
There are new challenges for those who perform family life ('doing family'), and both parents and children have to develop new ways of organizing daily life (their daily lives). / ... new practices to be able to deal with the practical demands of daily life.

First, for family life to work requires that individual family members harmonize and synchronize their patterns of daily living, which tend to be driven by different needs and interests, in terms of time, space, social and emotional positioning, thus making a coordinated effort at daily life management or 'Lebensführung'. (vgl. a. Einheit 18, hier: Personalisierung)

Oder noch einfacher:
For family life to work requires that family members coordinate their patterns of daily living, which tend to be driven by different needs and interests, at various levels: temporal, spatial, social and emotional.

Gar nicht übersetzen lassen sich dagegen häufig die Benennungen von ganzen Forschungsfeldern. Diese Benennungen sollten dann wörtlich übernommen werden, ggf. mit einem expliziten Hinweis auf den deutschen Forschungskontext. Vgl.:

Sie greifen auf sozialhistorische Konzepte zurück, um historische Phänomene zu fundieren, erschließen historische Sinnzusammenhänge mit dem Repertoire der Diskurs- und Begriffsgeschichte und analysieren Geschlecht und Generation als Produkte sozialer Praktiken auf Basis gesellschaftlicher Interaktionen.	*These studies draw on concepts from social history to account for historical phenomena, use German-style* Diskursgeschichte *('discourse history') and* Begriffsgeschichte *to explore the interrelationships of meaning between historical events and processes and analyse gender and generation as products of social practices based on human interaction.*

Übung 11

Wie lässt sich im folgenden Satz das fehlerhafte "prevention offers" (wörtliche Übersetzung von "Präventionsangebote") verbessern? Nehmen Sie das Google Books-Korpus zu Hilfe (http://googlebooks.byu.edu/).

Based on close collaboration between prevention providers and scientists, effective and practice-oriented prevention offers are to be created in this way.

Übung 12

Sie wollen einen Forschungsantrag im Bereich Bildungsforschung/Literaturdidaktik ins Englische übersetzen. In ihrer deutschen Version taucht der Begriff „literarische Sozialisation" in folgendem Kontext auf. Prüfen Sie, wie dieser Begriff im Englischen wiedergegeben werden kann.

So bezieht sich das Projekt zum einen auf die Frage, wie literarische Bildungsvorstellungen im Rahmen der literarischen Sozialisation bei Schüler/innen der Sekundarstufe II entstehen und welchen Verlauf Bildungsprozesse im gleichen Zeitraum nehmen (Bildungsprozess im Allgemeinen).

Einheit 5: Zählbare und unzählbare Substantive und Pluralisierung

Beim Gebrauch von englischen Substantiven in verschiedenen Fachsprachen bereitet eine grammatische Besonderheit derselben immer wieder Schwierigkeiten: die Frage, ob ein Substantiv in einem bestimmten Kontext zählbar (*a pencil – two pencils*) oder unzählbar (*information – two **pieces** of information*) ist.

Grundsätzlich gilt, dass praktisch jedes allgemeinsprachliche Substantiv im fachsprachlichen Gebrauch in den Plural gesetzt werden kann. Typische Beispiele für eigentlich unzählbare allgemeinsprachliche Substantive, die man auch in einschlägigen Grammatiken findet, sind etwa die folgenden:

> ... the caffeine contained in coffee, tea and soft drinks ...
> Hepatic venule injury results from pyrrolizidine alkaloids from Crotalaria and Senecio plants contained in bush teas (ie, herbal teas made from bushes native to the area; eg, the West Indies).

Im ersten Beispiel wird *tea* allgemeinsprachlich als Bezeichnung für eine bestimmte Art von Getränk gebraucht. Im zweiten Beispiel geht es dagegen um eine spezifische, fachsprachlich bezeichnete Teesorte. In gleicher Weise lassen sich andere Sortenbezeichnungen in den Plural setzen: *cheeses, fruits, steels*.

Genauso wie Sortenbezeichnungen verhalten sich u.a. folgende Nomina:
behaviour, etiology, logic, philosophy, research, vocabulary

Ein Psychologe kann z.B. von „stress-related behaviours", ein Philosoph von „many-valued logics" und ein Mediziner von „gender-specific etiologies" sprechen. Sprachwissenschaftler unterscheiden zwischen „vocabulary" als dem Gesamtwortschatz einer Sprache und „specialized vocabularies", also Fachwortschätzen („Vokabel" heißt allerdings „vocabulary item" oder „[vocabulary] word").

Nicht pluralisieren kann man dagegen in der Regel bestimmte allgemeinsprachliche Substantive, die in der Fachsprache die gleiche Bedeutung haben wie in der Gemeinsprache:
advice, awe, consent, courseware, equipment, ethics, hardware, health, homework, inflation, information, integrity, intimacy, knowledge, labour, linguistics, machinery, mathematics, news, philosophy, phonetics, phonotactics, pollution, pragmatics, prestige, progress, reluctance, semantics, software, trade, traffic, wealth, welfare

Vor allem bei technisch-naturwissenschaftlichen Termini (z.B. *mass, energy, momentum, speed, power, pressure, velocity, resistance, charge, capacity, current, impedance, inductance, voltage, tension*) kommt die Unterscheidung zwischen einer generellen Eigenschaft (unzählbar) und einem Parameter, der diese Eigenschaft beschreibt (zählbar), zum Tragen.

Any two objects which have mass will be attracted to each other. (generelles Konzept)
An average cometary nucleus has a mass of 109-1011 kg. (Parameter)
… organisms that acquire energy through photosynthesis …
… observed nonthermal HXR "microflares" with energies of 1026 ergs

Die Substantive *friction, gravity, work, heat, inertia, matter, equipment, attenuation, distortion* und *interference* kommen auch im fachsprachlichen Gebrauch mit ganz wenigen Ausnahmen nur im Singular vor.
… electromagnetic power is 40 orders of magnitude stronger than gravity. (generelles Konzept; dt. „die Schwerkraft")
a force due to gravity of 9.8 newtons acting on each kilogram of mass (parametriert; unmöglich: *a gravity of 9.8 newtons; dt. "eine Schwerkraft von 9,8 Newton")
… objects subjected to enormous gravities … **(mit Bezug auf mehrere Objekte)**

Das letzte Beispiel folgt einer allgemeinen Tendenz im Englischen, mit Bezug auf mehrere Objekte den Plural zu verwenden, wo im Deutschen der Singular steht.

Negativbeispiel
Most technological innovations in the 19th and 20th century come from the Netherlands and Germany.
Korrektur
Most technological innovations in the nineteenth and twentieth centuries come from the Netherlands and Germany.

Abschließend noch eine Bemerkung zum Substantiv *data*, das im allgemeinen Sprachgebrauch immer häufiger als Singular verwendet wird. In Wissenschaftstexten zeigt sich jedoch zurzeit noch eine klare Präferenz (mit über 90% der Vorkommen) für den Plural.

Übung 13

Unterstreichen Sie die üblichsten Formen (Singular oder Plural, mit oder ohne Artikel).

1. *KE and PE* ***is/are --/the*** *potential and kinetic* ***energy/energies*** *of the molecule, respectively.* (chem)
2. *Domestic and global inflation* ***was/were*** *in high gear.* (eco)
3. *Einstein's system is part of* **a mathematics which *enables/mathematics which enables*** *us to reconstruct the history of our universe.* (phys)

4. *Objects with **opposite charge / with opposite charges** attract.* (phys)
5. *It is possible to obtain permission or a license to use multiple copies of **a piece of software / a software**.* (comp)
6. *Pragmatics **is / are** a branch of linguistics that considers meaning in context.* (ling)
7. *The study measured the gastric emptying of milk in preterm infants, finding no difference between different **milk / milks**.* (med)
8. ***Temperature increase arises / temperature increases arise** from metabolic reactions and friction generated by the sliding of molecules past each other in the contractile and elastic elements.* (med)
9. *The linking of individuals' **social behaviours and experiences / social behavior and experience** to a broader social context is one of the distinguishing features of sociological thinking.* (soc)
10. *The data **is / are** hierarchically structured.* (comp)
11. *It conveys **important information/important pieces of information / important informations** about the meaning of an utterance.* (ling)
12. *Each impulse **carries charge of / carries a charge of** q coulombs …* (phys)

Übung 14

Streichen Sie in folgender Liste allgemein gebräuchlicher Wissenschaftsnomina, welche normalerweise unzählbar sind, diejenigen an, die auch einen zählbaren Gebrauch haben.

absence, access, advice, analysis, age, awe, cancer, economy, education, environment, equipment, ethics, failure, fear, freedom, hardware, health, homework, inflation, information, insurance, integrity, intimacy, knowledge, nature, news, philosophy, phonetics, pollution, progress, reluctance, research, semantics, space, treatment, velocity, wealth, welfare, wildlife

Übung 15

Welche Änderungen würden Sie in folgenden Sätzen vornehmen?

… these properties, however, could not offer a comprehensive protection against both components depending on the estimate of the expected inflation.

Previously written essays by Bodie (1976), Jaffe/Mandelker (1976) und Fama/Schwert (1977) found a negative correlation between nominal stock returns and realized inflation. These correlations were confirmed even when considering the expected and the unexpected inflation separately.

2.2 Satzebene

Einheit 6: Subjekt am Satzanfang und Ursache-Wirkungsbeziehungen

Grundsätzlich werden englische Sätze häufiger als deutsche so formuliert, dass ein Subjekt am Satzanfang steht. Vor dem Subjekt finden sich allenfalls Elemente, die der Rahmung des beschriebenen Sachverhaltes dienen und im Hintergrund der Aussage stehen, also z. B. Zeit- und Ortsbestimmungen wie *in 1995, over the past few years, in London* oder adverbiale Bestimmungen, die einer Meinung Ausdruck verleihen, wie *according to Miller, in this view* usw.

Problem: Im Deutschen werden Ursachen und andere Umstände mit Vorliebe durch Präpositionalgefüge ausgedrückt, die in Satzanfangsposition stehen (z. B. *durch diese Maßnahmen, mit diesem Instrument, in London, in diesem Jahrzehnt*). Im Englischen dagegen bevorzugt man häufig Formulierungen, in denen Umstände in Subjektposition genannt werden (*New York recorded the highest temperature*), insbesondere dann, wenn der Satz weitere Adverbien enthält, die sonst nicht untergebracht werden könnten.

Negativbeispiel
Traditional neoclassical models imply that labour mobility should reduce regional disparities in labour market conditions. In contrast, models that include externalities or selective migration suggest that regional differences might well increase due to interregional migration of workers. (eco)

Abgesehen davon, dass dieser Satz die Ursache in Form eines Präpositionalgefüges anführt, verletzt er das Prinzip „alt vor neu" (siehe Einheit 6), da die Ursache (*interregional migration of workers*) eine bereits bekannte Information darstellt (vgl. *labour mobility* im ersten Satz).

Positivbeispiel
Traditional neoclassical models imply that labour mobility should reduce regional disparities in labour market conditions. In contrast, models that include externalities or selective migration suggest that (the) interregional migration of workers may actually produce the opposite effect. *(oder*: may actually lead to an increase in regional differences). (eco)

In diesem Satz wird nun die bereits bekannte Information in Subjektposition aufgeführt. Das Kausalverhältnis wird durch ein passendes Verb (*produce / lead to*) ausgedrückt. Im Wissenschaftsenglisch finden sich zahlreiche Verben dieser Art, die Ursache-Wirkungsverhältnisse zwischen Subjekt und Objekt ausdrücken. Die gebräuchlichsten sind *cause* und *lead to* bzw. *result in*. Dabei weist *cause* in der Regel auf eine unmittelbarere Verkettung hin als *lead to* oder *result in*. Gemeinsprachlich wird *cause* im Übrigen tendenziell mit negativen Folgen verbunden, während sich *lead to* und *result in* neutral verhalten. Man würde also typischerweise Formulierungen finden wie: *caused problems / difficulties / trouble / confusion / an illness / an uproar / widespread destruction (etc.)*, aber eher nicht *caused a period of lasting peace*.

Chronic undernourishment is caused by a lack of access to food of sufficient quality and quantity. It results in high child mortality … (eco)
This increasing emphasis on reading led to a psycholinguistic model of reading. (ling)
Growing trade, partly due to successful imperialism, caused London to grow from fifty thousand in 1500 to one million in 1800. (socio)
The development of the World Wide Web has led to an exponential growth in the amount of digital information available. (comp)
That proposal led to the present study. (eco)
… estimation problems caused by spatial effects. (eco)

Andere häufige Verben oder Verbalkonstruktionen, die Ursache-Wirkungsverhältnisse ausdrücken, sind die folgenden:

accomplish,
achieve,
affect,
allow,
alter,
arise (from),
arouse,
ascribe to,
assist,
associate (with),
assure,
attribute (to),
be a / the cause of,
be a / the result of,
be a factor in,
be due
be attributable to,
boost,
bring about,
bring with it,
call for,
cause,
change,
come from,
confer,
connect (to / with),
contribute (to),
create,
decrease,
derive (from),
determine,
develop,
effect,
elicit,
enhance,
ensure,
entail,
generate,
give,
give rise to,
govern,
impact (on),
impair,
impart (to),
improve,
increase,
induce,
influence,
initiate,
involve,
lead to,
lessen,
link (with),
lower,
maintain,
make,
make for,
manifest o.s .,
mean,
originate (from / in),
owe to,
permit,
produce,

promote, prompt, provide, raise, reduce, relate (to)/be related to, remove, require, result from, result in, retain, stem from, sustain, trace back to, translate into, trigger, vary with, yield

Auch durch den häufigen Gebrauch der Verben *allow*, *enable*, *help* und *make* gelingt es dem englischen Schreiber, Ursachen in Subjektposition zu platzieren.

But realigning boundaries will enable these traditions to grow.	Durch eine Neufestsetzung der Grenzen können diese Traditionen wachsen.
Writing helps students perceive ideas more clearly.	Durch das Schreiben nehmen die Studierenden die Gedanken deutlicher wahr.

Die Ursache-Wirkungsrelation wird im Englischen häufig durch Hilfsverben modifiziert, wo im Deutschen der Gebrauch von Adverbien üblich ist. Beide Verfahren dienen der Absicherung des Autors gegen mögliche Kritik (engl. *hedging*, vgl. Einheit 17).

This procedure will produce hypoxemia. (med)	Durch dieses Verfahren (*oder*: hierdurch) entsteht gewöhnlich eine Hypoxämie; Dieses Verfahren führt gewöhnlich / unweigerlich zu Hypoxämie.
The trust in a vendor is likely to affect the consumers. (eco)	Das Vertrauen in einen Händler beeinflusst wahrscheinlich/in der Regel das Verbraucherverhalten.
Water is liable to produce distortion. (eng)	Wasser führt leicht zu Verformungen.

Insbesondere in deutschen geisteswissenschaftlichen Texten kommen auch häufig Sätze vor, die ein Instrument in Satzanfangsposition mithilfe eines Präpositionalgefüges (*am Beispiel von sieben Ehepaaren, in diesem Buch* usw.) einführen und gleichzeitig die Person nennen, die das Instrument verwendet. Diese Satzformen sollten im Englischen nicht nachgeahmt werden; stattdessen sollte man andere Präpositionen (meist „in") und Stellungsmuster (z. B. Einschub vor oder nach dem Subjekt) oder das Verb „use" (mit dem jeweiligen Akteur als Subjekt) einsetzen. Man vergleiche hierzu die folgenden Beispiele:

Hoffmann tries, **in "Die schweigenden Feuer"**, to give literary form to the German colonial wars against the Herero and the Nama.	**Mit „Die schweigenden Feuer"** versucht Hoffmann, die deutschen Kolonialkriege gegen Herero und Nama literarisch zu gestalten.
In this book, Fechtner **uses the example of** seven married couples to take the reader through variants of storyline ranging from collaboration to resistance.	**Am Beispiel von** sieben Ehepaaren spielt Fechtner in diesem Werk die Handlungsvarianten zwischen Kollaboration und Widerstand durch.
This anticipatory move was the first instance of a strategy which was to make his work famous later on.	**Mit diesem Vorgriff** führte er eine Taktik ein, für die sein Werk später noch berühmt werden sollte.

Übung 16

In den folgenden Sätzen geht es eher nicht um Ursache und Wirkung. Inwieweit erscheinen diese Sätze aus deutscher Perspektive ungewöhnlich? Welche Art von Umstand wird hier in Subjektposition thematisiert? Was lässt sich daraus für das Schreiben im Englischen schließen?

1. *Initiatives need to consider the social aspects of obesity, in particular unhelpful beliefs, attitudes and discriminatory behaviours around body size.*
2. *Individual interviews asked mothers about themselves and their relationships with their children before and after the group.*
3. *A randomized trial observed a clinically significant trend toward improved fertility in women with intramural myomas after myomectomy.*
4. *A systematic review of group education programmes for adults with type 2 diabetes compared with routine treatment, waiting list control or no intervention, found group programmes were effective at lowering glycated haemoglobin …*

Weitere Kombinationen von **unbelebten Subjekten** mit aktiven Verben, die als besonders typisch gelten können:

article, book, chapter, paper, page, section; chart, figure, graph, table; data, evidence, example, finding(s), observation, result(s); experiment, investigation, research, study	address, analyse, argue, claim, conclude, confirm, consider, define, demonstrate, describe, discuss, examine, exhibit, explain, explore, find, illustrate, indicate, investigate, offer, present, produce, propose, provide, raise (concerns, etc.), report (on), reveal, show, state, study, suggest, support, yield

Übung 17

Formen Sie nun folgende Sätze so um, dass sie dem oben veranschaulichten Schema folgen.

1. *Although other ways of measuring inflation are possible, for example, the GDP deflator, in this research study we use the CPI as the proxy for inflation.*
2. *In the recently published third volume of Boccherini Studies, a number of studies continue this series of investigations into the authenticity of Boccherini scores.*
3. *Using the example of newborn hearing screening, it is then examined if empirical studies meet the methodical requirements of health economic evaluation.*

Übung 18

Schreiben Sie die folgenden Sätze mithilfe kausativer Verben (*result, lead, bring about, produce, provoke*, etc.) so um, dass sie mit einem Subjekt beginnen, das eine Ursache zum Ausdruck bringt.

1. *In such circumstances there will be a discrepancy between the domestic and foreign rates of inflation, and so the exchange rate will continually drift upwards.*
2. *Under the gold standard, there would have been a flow of gold out of America into Britain because of the American payments deficit.*
3. *The third energy crisis occurred as a result of the first Gulf War.*
4. *Because of this there would be an inflationary gap, a rise in the flow of imports and a deterioration in the international competitiveness of British exports.*

5. *Indeed, the downward drift in the value of the currency will put prices up further still, and this will add further momentum to the inflationary spiral.*
6. *During the last years, cell manipulation has become an important aspect of biological applications. The delivery of small volumes of liquid drugs, toxins or nucleic acids and other active pharmaceutical components at single cell level therefore became a new field of research.*

Übung 19

Strukturieren Sie diese Sätze so um, dass sie mit einem Subjekt beginnen.

1. *In this article health economic implications of screening are analysed.*
2. *Due to these problems it is not very likely that full-fledged goal identification be automated in the near future.*
3. *Based on close collaboration between prevention providers and scientists, effective and practice-oriented prevention offers are to be created in this way.*
4. *In this trial a significant advantage for TBI- over non-TBI containing regimens was observed.*
5. *In recent months important developments relating to employment rights for part-time workers have taken place in Germany.*

Übung 20

Übersetzen Sie den folgenden Satz so, dass er mit einem Subjekt beginnt.

Auf Grund der hohen Autokorrelation der Renditen selbst als auch der Residuen in der oben aufgezeigten Regression liegt eine Erweiterung des Fama/Schwert-Ansatzes mittels eines ARMA-Modells nahe.

Einheit 7: Verbal- vs. Nominalstil (I)

Problem: Generell gilt sowohl für die deutsche als auch für die englische Wissenschaftssprache als Stilideal, ein ausgewogenes Verhältnis von substantivischen und verbalen Wortgruppen anzustreben.
Dabei hat man grundsätzlich in beiden Sprachen die Wahl zwischen folgenden Möglichkeiten:

(1) In diesem Abschnitt wird untersucht, **wie einzelne Lernermerkmale und Schülerleistungen miteinander zusammenhängen.**	(1) This section explores how learner characteristics and student performance are related.
(2) In diesem Abschnitt werden **die Zusammenhänge zwischen einzelnen Lernermerkmalen und Schülerleistungen** untersucht.	(2) This section explores the (inter)relationship between learner characteristics and student performance.

In deutschen wissenschaftlichen Artikeln lässt sich eine eindeutige Präferenz für den nominalen Satztyp (2) erkennen. Im Englischen schwankt der Gebrauch stärker; Satz (1) und (2) können in diesem Fall als gleich wahrscheinlich gelten.
Eine einfache Faustregel könnte lauten, dass eine **zu dichte Reihung von nominalen Elementen im Englischen verstehenserschwerend und unnatürlich** wirkt. Die folgende Gegenüberstellung zeigt sehr deutlich die gegenläufigen Tendenzen für das deutsche Substantiv *Ort* und sein englisches Äquivalent *place*:

The countryside can be experienced as a **place of isolation and danger.**	Ländliche Gegenden können als **Orte der Isolation und Gefahr** erfahren werden.
Given the powerful role played by schooling in the socialization of children and adolescents, it is plausible to view schools as **places where social competencies are demonstrated, acquired and promoted.**	Die herausragende Rolle berücksichtigend, die Schule in der Sozialisation des Kindes und des Heranwachsenden spielt, ist es plausibel, Schule als **Ort der Demonstration, Entwicklung und Förderung sozialer Kompetenz** zu begreifen.

Je komplexer die nominale Wortgruppe, die auf *Ort* folgt, desto wahrscheinlicher ist es, dass in einem äquivalenten englischen Satz auf *place* ein verbal formulierter Relativsatz mit *where* folgt.

Eine **Ausnahme** stellen Fälle dar, wo das Deutsche einen indirekten Fragesatz mit *welcher/welche/welches* oder *was für* beginnt; dem entspricht im Englischen häufig einfach eine substantivische Ergänzung:

Our overall state of mind has a certain tone or flavor based largely on the types of thought we think.	*Unser Geisteszustand hat einen bestimmten Grundton, der weitgehend davon abhängt, welche Gedanken wir haben.*

Negativbeispiel
The way Europe currently deals with languages as foreign languages is crucially determined by the phase of the nationalisation of languages.

Ähnlich wie im Beispiel mit *place* (S. 109) sollte die Wortgruppe nach *phase* verbal formuliert werden. Erschwerend kommt jedoch noch hinzu, dass das deutsche Wort *Phase* einen längeren historischen Zeitraum bezeichnen kann, ohne diesen in Beziehung zu anderen Zeiträumen zu setzen, während das englische Wort *phase* immer eine miteinander verkettete Abfolge verschiedener Stadien impliziert (*the planning / implementation phase; the first/second/third phase*). *Period* scheint daher eine bessere Wortwahl, da es ohne Bezug auf weitere Zeiträume verwendet werden kann (vgl. z. B. *during the intervening period/*phase, its history spanning the period/*phase from the Iron Age through to the 5th century*).

Korrektur
Current European attitudes to foreign languages can be traced back to the period when national standard forms of European languages began to be promoted (*oder weniger klar*: when languages were being 'nationalised').

Übung 21

Korrigieren Sie folgende Sätze mit dem Ziel einer weniger nominalen Ausdrucksweise.

1. *A convergence of East and West German employment trajectories could be occurring for two reasons.* (Kontext: Arbeitsmarktforschung)
2. *Childcare facilities are an important condition for the reconcilability of work and family.* (Kontext: Sozialwissenschaften)
3. *Reorientation of dental care on multiple levels is essential for further establishment of prophylaxis.* (Kontext: Gesundheitswissenschaft)

4. *Direct detection of Ascorbyl radicals was assessed by electron spin resonance spectroscopy.*
5. *To obtain the division of the material into two equal parts, we chose to …*
6. *In our systematic review we discuss a topic of obvious relevance to Public Health – the promotion of physical activity of children and adolescents.*
7. *Possible causes of the low efficacy of intervention programs are the low level of knowledge of factors closely related to the activity behavior of children and adolescents.*
8. *The evaluation of our approach will have to be done in further projects.*

Übung 22

Übersetzen Sie folgende Sätze. Achten Sie dabei insbesondere auf den Gebrauch verbaler Formulierungen als Äquivalent zu den unterstrichenen Nominalisierungen.

1. *Die Anlage der Stichprobe von TIMSS 2007 gewährleistet Repräsentativität hinsichtlich Viertklässlern in Deutschland, nicht hinsichtlich der Lehrer und Eltern. (Frey 2011)*
2. *Die Darstellung osmotischer Vorgänge, ihrer theoretischen Grundlage und die Beziehung zum derzeitigen Wissen über Membranen wurde analysiert.*
3. *Die Analyse dient als Grundlage einer empirischen Untersuchung von Schülervorstellungen und von Konzepten bei Biologielehrern hinsichtlich osmotischer Prozesse.*
4. *Globalisierung ist ein Begriff der Gegenwartsdiagnose.*
5. *Die erste Hinwendung zur Gattung des Streichquintetts geht bei Boccherini und Mozart auf völlig verschiedene Umstände zurück. Als Gemeinsames läßt sich jedoch erkennen, daß sich beide Komponisten auf das Neue einließen aufgrund gewisser Gelegenheiten, die sich ihnen an ihrem unmittelbaren Wirkungsort boten.*
6. *Unter der Annahme der gleich bleibenden Bonität des Staates sollte die reale Verzinsung einer Treasury Bills im Zeitablauf konstant sein.*

Einheit 8: Verbal- vs. Nominalstil (II)

Leider gibt es kaum eine Regel ohne Ausnahme. In der ersten Einheit zu diesem Thema wurde zwar festgestellt, dass die englische Wissenschaftssprache, wenn eine Wahl zwischen nominaler und verbaler Ausdrucksweise besteht, häufiger auf die Nominalisierung verzichtet als das Deutsche. Dennoch lässt sich nicht leugnen, dass das Englische aufgrund seiner Vorliebe für Subjekte am Satzanfang (s. Einheit 6) eben diese Subjekte in der Regel in nominale Form gießt. Dadurch entstehen Konstruktionen, die selbst im

Deutschen nur verbal wiedergegeben werden können (vgl. Gallagher 1986).

(1) Treatment is with estrogen. (med)	Die Behandlung erfolgt mit Östrogen.
(2) Heating is by gas. (eng)	Die Beheizung erfolgt mit Gas./ Geheizt wird mit Gas.
(3) To the extent that vocabulary acquisition is about meaning, it is an explicit learning process. (edu)	Insofern es beim Wortschatzlernen um Bedeutungen geht, haben wir es mit einem expliziten Lernprozess zu tun.
(4) An interesting analogy is with the historical gold standard. (eco)	Hier lässt sich eine interessante Analogie zum historischen Goldstandard herstellen.
(5) Kant's next concern is with the faculty of judgement. (phil)	Als nächstes befasst sich Kant mit der Urteilsfähigkeit.

Wir sehen, dass diese Konstruktionen im einfachsten Fall aus einem artikellosen Nomen, den Verbformen *is* (oder *are*) und einer Ergänzung bestehen; schematisch lässt sich das so darstellen:
Nominalisierung + is/are + Präpositionalgefüge / that-Satz / wh-Satz / to+INF
Im Deutschen entsprechen diesen Konstruktionen z. B. verbale Formulierungen mit recht blassen Verben wie „erfolgen" (1), Passivkonstruktionen (2), Konstruktionen mit „(sich) lassen" (4) oder andere verbale Formulierungen [*(3)*, *(5)*]. Dabei deutet der vierte Beispielsatz bereits an, dass nicht nur dem deutschen Verb (*um etw. gehen*) häufig ein englisches Substantiv (*concern*) entspricht, sondern dass die zum Verb gehörigen deutschen Adverbiale (*als nächstes*) im Englischen entsprechend dem „satztragenden" Substantiv zugeordnet werden müssen.
Diese Art von Konstruktion hat den interessanten Nebeneffekt, dass sie in vielen Fällen den Gebrauch weiterer Substantive überflüssig macht:

A prominent theme in the discussions was how to address the decentralized nature of the U.S. national statistical system. (*statt:* was the question of how)
Rationalization is when a person creates a plausible but false rationale for something they wish to deny. (*statt etwa:* a situation when)

In technischen Fachtexten findet man dagegen ebenso häufig Sätze, in denen das Verb „to be“ durch ein anderes Verb erweitert wird (*z. B. provide, effect, accomplish, achieve*) (vgl. Kraus 1987):

Protection of the motor is (provided / effected) by thermostats.

Daneben finden sich in Gegenstandsbeschreibungen Sätze mit der Präposition *of*, in denen das Präpositionalgefüge der Angabe des Materials oder der Form dient (vgl. Sager/Dungworth/McDonald 1980: 188):

The cutting edge is of stainless steel. (eng)
The bow is of lozenge section. (arch)
... if the photons are of lower energy. (phys)

Diese Konstruktionen kommen mit einer Vielzahl von Substantiven vor, so dass wir hier nur einige der häufigsten in Bedeutungsgruppen aufzählen und mit Beispielen versehen können:

aim, alternative, challenge, concern, goal, idea, intention, method, mission, move, option, preoccupation, procedure, purpose, solution, step, task, way	is to + INF (also: for + NP + to-INF)

The **procedure** we have adopted **is to** account for as much of the upper crustal structure as possible with the static corrections. (geophys)

control, means, way	+ by/through

One **way** of achieving this **is by** adjusting the position of control rods, another **is by** changes in boron concentration. (eng)

conclusion, conviction, consequence, criticism, feeling, finding, judgement, implication, point, position, prediction, suggestion, suspicion	+ that-clause

Our **judgement is that** these theories often privilege the understanding of one aspect of human behaviour over others. (med)

contact, encounter, association, relationship, trade	+ with

Most EU trade is with other EU countries. (eco)

concern, preoccupation, argument, sympathy, empathy	+ with

Although the **sympathy is with** Charley, there is something very poignant about how Fay eludes Charley. (lit)

comparison, analogy, contrast	+ with

The second comparison that 20th century history invites **is with** the cases employing the separate-but-equal rule for applying the Fourteenth Amendment's equal protection guarantee. (soc)

aim, anticipation, care, concern, contract, desire, expectation, hope, need, plea, predilection, preference, order, principle, project, recommendation, requirement, respect, use	+ for

As with any epileptic patient, the **aim is for** monotherapy. (med)
Current **recommendation is for** two doses of vaccine. (med)

focus (of attention), emphasis	+ on

The focus of attention, therefore, **is on** the impact of organisation structure and design. (eco)

argument, debate, discussion, controversy	+ about/over

The only **controversy** which has arisen **is over** the use of media form subdivisions. (library science)

action, trend	+ against

The long-term voting trend, despite low turnout levels, **is against** the BDP. (pol)

area, aspect, challenge, contribution, cost, difference, engineering, exercise, interest, role, skill, strength, success, use, value	+ in

One of the main **uses** of estrogen **is in** birth control pills, where it is used in combination with progesterone. (med)

memory	+ of

One of my fondest **memories** of my childhood **is of** laughter. (lit)

sales, threat	+ to

The remaining **sales are to** smaller retailers. (eco)

bias	+ towards

The bias of the present article **is towards** Picasso as an intellectual phenomenon. (art)

Im Normalfall kann nach der Präposition sowohl ein Substantiv als auch ein Partizip stehen; wenn eine Wahlmöglichkeit besteht, wird der Partizipialkonstruktion der Vorzug gegeben:

In each case, the **mistake is in assuming** that one part of a system will stay the same when another part is changed.

(weniger üblich: … **in the assumption** that one part of a system will stay the same when another part is changed.)

Negativbeispiel
An example is given when not every basic subgroup of S(RG) can be represented in the way mentioned above.

In diesem Fall ist das Partizip *given* nicht nur überflüssig, sondern auch unidiomatisch.

Übung 23

Setzen Sie in folgende Sätze passende Präpositionen oder passende Kombinationen von Präpositionen und Verben ein.

1. *His main preoccupation was ________ broad historical and comparative issues and with political administration and its impact on society.*
2. *The third way that the Fed can influence the money supply is ________* **(change)** *the federal funds interest rate.*
3. *A parallel research effort was coordinated by LBNL on mitigation options in the forestry sector. Its main focus was ________* **(develop)** *methods to estimate carbon emissions from land-use change and to evaluate mitigation options to reduce net emissions.*
4. *The emphasis is ________ the idea that the individual acts within a social structure.*
5. *According to psychoanalytic theory, the infant, whose primary identification is ________ the mother, has to overcome the conflict involved in abandoning that identification without feeling threatened.*
6. *His most current research is ________ the nature of expertise in historical interpretation.*
7. *The main application of chlorhexidine is ________ the management of gingivitis.*
8. *Berkeley 's argument was ________ Newton ________ the foundations of the calculus.*
9. *A key challenge in developing an every-citizen interface to the national information infrastructure is ________* **(recognize)** *the ongoing evolution in our concepts of what the "interface" encompasses.*
10. *Science is ________________* **(determine)** *truth.*
11. *Smoking is possibly associated. A less common association is ________ HIV.*
12. *The basic claim the earliest Christians made was ________________* **(having witnessed)** *divine intervention through God's restoration of Jesus to life.*

Übung 24

In den folgenden deutschen Satz setzt die Autorin die Synonyme „erwarten" und „ausgehen (von etw.)" ein, um eine stilistisch unschöne Wiederholung zu vermeiden. Im Englischen entsprechen dem die beiden Verben *expect* und *anticipate*. Im Hauptsatz ist jedoch eine wörtliche Wiedergabe mit einem Passiv ausgeschlossen, da auf diese Weise ein Satz mit einem langen Subjekt und einem schwachen Verb entstehen würde, der das Prinzip der Schwere (s. Einheit 11) verletzt. Mithilfe einer Nominalkonstruktion aus dem Kasten lässt sich der Satz dennoch nachbilden. Wie könnte diese aussehen?

Sofern Geschlechtsunterschiede **(gender difference)** *theoretisch erwartet werden konnten, so war, wie eingangs erläutert, bezüglich der prosozialen Merkmale* **(prosocial traits)** *von einem kleinen Effekt zugunsten der* **(in favour of)** *Mädchen auszugehen. (Satzmuster:* **To the extent that ... could be ..., ...***)*

Übung 25

Ergänzen Sie in den folgenden Sätzen die Wörter *that, whether, when* und *how*.

A key moment is ____________ Carrie receives her first speaking part.
A concern was ____________ this feedback would heighten awareness of this problem and prompt physicians to order more assays.
The challenge was ____________ to establish a curriculum that would serve the interests of a variety of liberal arts majors entering a variety.
The criterion for knowing a word was ____________ the subject has a vague understanding of the word to rate it in State 1.
Another consideration is ____________, with the divorce of management from ownership, many enterprises strive to maximize sales.
An example is ____________ a submarine earthquake stirs up bottom sediment into the water.

Einheit 9: Adjektive vs. Adverbien

Mit der in der vorhergehenden Einheit besprochenen Neigung des Englischen zur Nominalisierung in Subjektposition geht eine Bevorzugung von adjektivischen Begleitern des Substantivs gegenüber Adverbien einher.

The main application of chlorhexidine is in the management of gingivitis.	Chlorhexidine kommt hauptsächlich bei der Behandlung von Zahnfleischentzündungen zum Einsatz.

Typische Fehler entstehen somit durch eine wörtliche Übertragung der Wortartverteilung im Deutschen:

Negativbeispiel
The use of bakery products is mainly limited by the high oil content and risk of contamination from packaging.
He sporadically attempted to solve this problem.

Korrektur
The **main/primary** factors limiting the use of bakery products are high oil content and risk of contamination from packaging.
He made **sporadic** attempts to solve this problem.

Übung 26

Übersetzen Sie folgende Sätze ins Englische. Achten Sie dabei besonders auf die Übersetzung der Adverbien.

1. *Das Streichquintett bei Mozart und Boccherini unterscheidet sich* ***am auffälligsten*** *in der Besetzung.*
2. *Nachdem offenbar nichts dafür spricht, dass sich der eine vom anderen in der Quintettkomposition beeinflussen ließ, bleibt zu prüfen, inwiefern wir eine mögliche Haltung willentlicher Selbsttreue oder lokaler Anpassung antreffen. Dies macht* ***in erster Linie*** *bei Mozart Sinn, da Boccherini aufgrund seiner immensen Quintettproduktion am Markt ungleich präsenter war als Mozart.*

Übung 27

Wie lassen sich folgende Sätze korrigieren?

1. *These workers are harder to place into available jobs. Therefore it is an interesting question whether groups of people with different employment probabilities benefit to a different extent from an assignment to a private placement service.*
2. *In order to cope with the drastically growing number of subscribers and the increasing demand for high data rates, modern communication systems are becoming exceedingly complex.*

2.3 Textebene

Einheit 10: Informationsverteilung im Satz oder „alt vor neu"

Hat man für den englischen Einzelsatz beherzigt, dass dieser tendenziell mit einem Subjekt beginnen sollte (s. Einheit 6), stellt sich die Frage der **Verknüpfung von Einzelsätzen zu Satzfolgen.** Wer hat nicht die Erfahrung gemacht, dass englische Satzfolgen häufig leichter zu verstehen sind als deutsche? Ein Grund dafür ist die sehr stringente Verknüpfung von bekannter („Thema") und neuer Information („Rhema"), die durch das starre englische Subjekt-Verb(-Objekt)-Schema gefördert wird. An einem Textanfang, der hier mit der Überschrift wiedergegeben wird, lässt sich das folgendermaßen darstellen:

Nuremberg in the Nazi Period

Perhaps more than any other city,

Nuremberg	was unambiguously linked to National Socialism.
Subjekt = alte Information	Satzende = neue Information

This	was not just due to the party rallies …
Subjekt = alte Information	Satzende = neue Information

Das Subjekt des ersten Satzes („Nuremberg") ist dem Leser aus der Überschrift (dem „Hyperthema") bekannt, das Subjekt des zweiten Satzes („this") fasst den ersten Satz zusammen und stellt somit ebenfalls eine bekannte Information dar. Der deutsche Ausgangstext, auf dem dieser englische Text basiert, weist dagegen eine andere Informationsabfolge auf:

Nürnberg in der NS-Zeit

Aus gutem Grund wird kaum eine andere deutsche Stadt derart eindeutig mit dem Nationalsozialismus in Verbindung gebracht wie Nürnberg. Nicht nur die Reichsparteitage und deren mediale Vermarktung trugen zu diesem Bild bei …

„Nürnberg" als aus der Überschrift bekanntes Thema wird erst am Ende des ersten Satzes genannt; gleiches gilt für das Präpositionalobjekt „zu diesem Bild". Es zeigt sich also, dass im Deutschen mitunter alte Informationen am Satzende und neue Informationen am Satzanfang erscheinen. Eine Nachahmung dieser Struktur im Englischen ist, wie der Reflex des Übersetzers zeigt, selten angebracht. Für den englischen Satz gilt das **Prinzip „alt vor neu"**:

Subjekt/Satzanfang = alte Information, die auf den Vorkontext zurückverweist
Objekte/Satzende = neue Information, die auf den Folgekontext verweist

Wie im Beispiel zu sehen, sollten Rückverweise auf den Vorkontext sehr häufig einfach mit dem Pronomen *this* (oder mit *this* + einem den Vorkontext erfassenden Substantiv) erfolgen, das sich meist auf den Inhalt des gesamten vorausgehenden Satzes (oder sogar mehrerer Sätze) bezieht. Man spricht in diesem Fall von einem **linearen Thema**, das den Inhalt des vorhergehenden Rhemas aufgreift.
Eine andere Möglichkeit besteht darin, den Text konstant mit dem gleichen (oder teilweise gleichen) Thema beginnen zu lassen (auch **kontinuierliches Thema** genannt), wie in folgendem, geringfügig gekürztem Beispiel:

> **Popper** began his intellectual career as a philosopher of science. **He** was impressed, as any thinking person must be, at the great strides which physics had made since the Renaissance in understanding the laws governing the natural world. Living in early twentieth-century Vienna, **he** was surrounded by the intellectual ferment created by two other self-styled sciences: Marxism, and Freud's and Adler's psychoanalysis. **Popper** felt there was a difference in kind between physics and these newer genres of discourse … (Sampson 2005: 19)

Die **lineare Thema-Rhema-Struktur** kommt vor allem in argumentativen oder explikativen Textteilen vor, also in erster Linie in der *Introduction* und der *Discussion*, während die **konstante Thema-Rhema-Struktur** in Beschreibungen von Personen, Sachverhalten, Prozessen, Ereignissen oder Verfahren vorherrscht (Nwogu/Bloor 1991).
Schließlich ist als häufige dritte Variante eine Thema-Rhema-Struktur zu nennen, bei der die Themen eines Textsegments von einem **Hyperthema** abgeleitet sind:

Religion was omnipresent in Egyptian life and accounted for the outstanding achievements of Egyptian civilization. **Religious beliefs** were the basis of Egyptian art, medicine, astronomy, literature, and government. The great pyramids, which took decades to finish, were tombs for the pharaos, **man-gods.** Magical utterances pervaded medical practices, for diseases were attributed to the **gods.** Astronomy developed to determine the correct time for performing **religious rites and sacrifices.** The earliest examples of literature dealt wholly with **religious themes.** (Perry 2011: 12)

Aus dem Gesagten ergibt sich, dass **der Schwerpunkt der Aussage gewöhnlich am Ende des englischen Satzes steht.** Der Leser wird das Endelement als wichtiger als die vorausgehenden Elemente auffassen, selbst wenn beide Elemente sehr kurz sind, wie aus folgendem Beispiel ersichtlich:

Negativbeispiel
The process slowly begins, but then picks up speed.

Der zweite Teilsatz verdeutlicht, dass der Autor den Schwerpunkt der Aussage auf die Geschwindigkeit legen will, mit welcher der Prozess abläuft. Diese Intention wird aber durch die Platzierung von „begins" am Satzende konterkarriert; der Leser würde hier eher eine Fortsetzung erwarten, die den Prozess oder den Anfang des Prozesses weiter erläutert, also etwa:

The process slowly begins, and this initial phase relies heavily on microbial activity.

Im obigen Satz dagegen sollte *slowly* ans Ende versetzt werden:

The process begins slowly, but then picks up speed.

Das zweite Negativbeispiel weist neben dem Fokusproblem eine unglückliche Abfolge von neuer und alter Information auf:

Negativbeispiel
Because of missing clinical studies of ST, this therapy approach should not be the first choice. However, in some cases that are unresponsive to therapy an application of those treatments must be considered.

Der zweite Satz ist insofern missglückt, als ein sehr schwaches Verb am Satzende steht, während die bedeutsamen Ausnahmefälle, die den Schwerpunkt der Aussage bilden sollen und damit eine neue, wichtige Information darstellen, am Anfang des Satzes erwähnt werden.

Korrektur
Because of a lack of clinical studies of ST, this therapy approach should not be the first choice. It must be considered, however, in cases that are unresponsive to therapy.

Eine (partielle) Ausnahme von der soeben formulierten Regel „Schwerpunkt am Satzende“ stellen Nebeninformationen in Form von Präpositionalphrasen oder Nebensätzen dar, deren neutrale Position sich im modernen Englisch am Satzende befindet (vgl. zu ähnlichen Beispielen Macheiner 1995):

(1) This tradition is contextual as well as empiricist: 'the complete meaning of a word is always contextual, and no study of meaning apart from a complete context can be taken seriously' (Firth 1935: 37). Its continuation **in corpus linguistics** has led to a substantial challenge to Saussurian and Chomskyan models of language. Chomsky's (...) focus on abstracted 'sentences of the language' rather than actual texts makes him a marginal figure **from the perspective of corpus studies.**[1]	(...) Chomskys Betonung von abstrahierten ‚Sätzen der Sprache' gegenüber realen Texten macht ihn aus Sicht der Korpuslinguistik zu einer Randfigur.
(2) There are several reasons for these patterns.	Für diese Entwicklungsmuster gibt es mehrere Gründe.

In Beispiel (1) stellt das Element *from the perspective of corpus studies* keine neue Information dar, da von der korpuslinguistischen Tradition schon vorher die Rede war. Der überraschende Schwerpunkt der Aussage ist vielmehr, dass der vielzitierte Linguist Chomsky auch eine Randfigur darstellen kann. Wäre die gleiche Hintergrundinformation in einen Nebensatz eingebettet, würde sie bevorzugt in eine schwächere Position gestellt:

1 First published in Web Journal of Modern Language Linguistics. © 1999 Bill Dodd.

Chomsky focussed on abstracted sentences of the language, a position which, from the perspective of corpus studies, makes him a marginal figure.

Beispiel (2) folgt auf eine längere Aufzählung verschiedener Entwicklungsmuster, so dass das Element „patterns“ eigentlich die alte Information darstellt, aber dennoch am Ende steht; bei einem so kurzen *there*-Satz („Existenzsatz“) fällt es dem Leser jedoch nicht schwer, an den Vorkontext anzuknüpfen.
Aus dem Vorstehenden ergeben sich je nach Autorintention verschiedene Stellungsoptionen für ein Adverbial wie *in this study*:
In this study we were unable to substantiate any of the culture-related hypotheses.
→ Bezugnahme auf eigene, vorher erwähnte Studie, die nicht die aktuelle ist
We were unable to substantiate **in this study** any of the culture-related hypotheses.
→ Bezugnahme auf die aktuelle (oder evtl. : eine andere eigene) Studie; Schwerpunkt auf den Hypothesen
We were unable to substantiate any of the culture-related hypotheses **in this study**.
→ Bezugnahme auf die aktuelle oder eine andere Studie; Schwerpunkt auf der Studie mit implizitem Vergleich: in **this** study, **but another** study suggested …

Unter Berücksichtigung des Prinzips der Schwere (s. Einheit 11) ist daher die zweite Formulierung z. B. im Rahmen einer *discussion section* als die wahrscheinlichste anzusehen.

Übung 28

Formulieren Sie folgenden Sätze so um, dass der Schwerpunkt der Aussage am Satzende steht.

1. *In 2003 the BMBF established the interdisciplinary Prevention Research Funding Programme with the aim of improving primary prevention and health promotion by means of targeted research.*
2. *(Hier geht Satz 1 voraus) Based on close collaboration between prevention providers and scientists, effective and practical prevention activities are to be created in this way.*
3. *The aim of this study was to investigate whether the forms and frequency of hedging depend on culture-specific and genre-specific features in the field of sociology.*
4. *[context: To our knowledge, this is the first lab experiment on the CCA, which we compared to the SMRA in (i) a base setting which closely*

resembles the 2.6 GHz auction setting and (ii) in a multi-band setting resembling an environment in which different spectrum bands are sold simultaneously.] We showed that efficiency in the CCA was not higher than in SMRA in the base setting and, due to the low number of bundle bids, it was actually significantly lower in the complex multiband setting.

5. *We took great care to provide an implementation of both the CCA and the SMRA which exactly mirrors the relevant auction rules used in the field to increase external validity.*
6. *It is however interesting to observe that modal words expressing weak commitment to the statement are more frequently accompanied by audience reference, both in the German and in the Russian conference presentations.*
7. *Noise pollution will be experienced personally by everyone; in other words, it is subjective.*[2]
8. *This therapy was well tolerated without impairing thyroid function. Only in one case a transient generalized oedemaedema was found.*

Übung 29

Betrachten Sie noch einmal Übung 2 in Teil 1. Erstellen Sie für diesen typischen Einleitungstext ein Schema, das die Thema-Rhema-Struktur nachzeichnet. Was fällt auf? Beginnen können Sie folgendermaßen:

1. *T1(Hyperthema)-R1*
2. *T1(kontinuierlich: R1=T1)-R1/2*

Einheit 11: Schweres ans Satzende

Ergänzt wird das Prinzip „alt vor neu" um das Prinzip der Schwere. Englische Sätze sind dann besonders leicht zu verarbeiten, wenn der Satzanfang, d.h. alles, was vor dem Verb steht, relativ kurz gehalten wird, während längere und komplexere Satzteile am Ende stehen. Im folgenden Negativbeispiel liegen die Verhältnisse genau umgekehrt:

Negativbeispiel
The literature in general until 1995 has been reviewed in the appropriate chapters of the preceding editions (...) and earlier reviews quoted therein. The comprehensive review by Neunhoeffer (1978) and the chapter on 1,2,3-triazines in the book by Benson (1984) (putting 1,2,3-triazine chemistry into the wider context of contiguous nitrogen chain compounds) should be especially mentioned.

2 Dieses Beispiel stammt von Mike Hannay.

Im zweiten Satz dieses Beispiels umfasst das Subjekt, das erst mit der Schließung der Klammer endet, fast 30 Wörter. Nun ist aus der Psychologie bekannt, dass der durchschnittliche Mensch bestenfalls 7 (+/- 2) Einheiten in seinem Arbeitsgedächtnis speichern kann; auch wenn man annimmt, dass mehrere Wörter zu einer Einheit (einer „Phrase") zusammengefügt werden, bleibt der Satz schwer zu verarbeiten.
Um seine Verarbeitbarkeit zu verbessern, muss das Endelement an den Anfang gebracht werden. Ein häufiges Verfahren, das auch hier zum Einsatz gelangen soll, besteht dabei darin, eine **Substantiv-Verb-Kollokation** (s. Einheit 1) an den Anfang des Satzes zu stellen, die dem verbalen Element am Ende des Satzes entspricht. In diesem Fall lässt sich das Verb *mention* einfach in das Substantiv *mention* umwandeln; dann genügt ein Blick in ein gutes einsprachiges Wörterbuch oder ein Kollokationswörterbuch, um festzustellen, dass das Substantiv *mention* üblicherweise mit *make* verbunden wird (*make [a] mention*). Statt dem Adverb *especially* lässt sich das Adjektiv *special* verwenden: *make special mention of*. Dies hat den Vorteil, dass nun das mit *of* eingeleitete lange Element ans Ende des Satzes gestellt werden kann:

Korrektur
Special mention should be made of the comprehensive review by Neunhoeffer (1978) and the chapter on 1,2,3-triazines in Benson (1984), which places 1,2,3-triazine chemistry into the wider context of contiguous nitrogen chain compounds.

Dieser Satz ist nun wesentlich leichter lesbar. Wegen der Trennung von Substantiv und *of*-Phrase (es könnte ja auch heißen: *„special mention of … should be made"*) wollen wir hier von einer **„unterbrochenen" Struktur** sprechen. Neben solchen unterbrochenen Strukturen bietet das Englische noch vier weitere Verfahren an, durch die lange Elemente geschickt in Endposition manövriert werden können:

1. *what*-Sätze (fachsprachlich „Pseudo-Spalt-Sätze")
2. *it*-Sätze
3. *there*-Sätze (fachsprachlich „Existenzsätze")
4. Inversion

Betrachten wir jedes Verfahren kurz im Einzelnen durch Negativbeispiele und Korrekturverfahren.

Negativbeispiel
Hence, a clear re-evaluation and inversion of the Freudian (therapeutic) attitude towards regression is at stake here. (lit)

Es ist unmittelbar einsichtig, dass das Adverb *here* ein sehr informationsarmes Element darstellt, das zudem dazu dient, eine Verbindung mit dem Vorkontext herzustellen; es sollte daher eher nahe am Satzanfang stehen. Darüber hinaus haben wir es mit einem langen Subjekt und einem relativ kurzen verbalen Element zu tun. Dieses Verhältnis sollte ebenfalls umgekehrt werden. Dies lässt sich mit einem *what*-Satz bewerkstelligen:

Korrektur
Hence, **what is** at stake here is a clear re-evaluation and an inversion of the Freudian therapeutic attitude towards regression. (lit)

***what*-Sätze** kommen besonders häufig mit einer begrenzten Auswahl an Wortschatzkategorien vor, die jeweils eine bestimmte Haltung des Schreibers zum Ausdruck bringen.

Haltung	what +
"worum es hier wirklich geht"	is at stake / in question / involved
Klarheit	clear / sure / certain / obvious
Notwendigkeit	necessary / important / counts
Auffälligkeit	striking / remarkable / exceptional / characteristic / evident / odd
Vergleich	less sure / more important / less well realized

***it*-Sätze** lassen sich vor allem dann einsetzen, wenn ein besonders langer *that*-Satz am Satzanfang vermieden werden soll:

Negativbeispiel
That all of the models presented here share a common ideology based on the fundamental notion that language teaching is primarily the teaching of intercultural behaviour is readily apparent. (ling)

Adjektive wie *apparent* lassen sich problemlos mit einem *it*-Satz an den Anfang ziehen, wodurch der schwerfällige *that*-Satz leichter verarbeitbar wird:

Korrektur
It is readily apparent that all of the models presented here share an ideology based on the fundamental notion that language teaching is primarily the teaching of intercultural behaviour. (ling)

Ganz ähnliche Möglichkeiten eröffnen sich, wenn das Verb am Ende eines langen, schwerfälligen Satzes zu der Gruppe von Verben gehört, die sich mit ***there*** verbinden lassen. Neben dem allseits bekannten *be* (*there is/are*) sind das vor allem:
be, exist, appear, seem, follow, occur, remain, come, arise, emerge, grow, grow up, stand und lie.

Betrachten wir wiederum ein Beispiel:

Negativbeispiel
The evidence on the question of the causes of apathy in cases other than those of the control group is insufficient to justify any conclusion.

Unter der Annahme, dass es dem Autor in diesem Kontext nicht um die Kontrastierung zweier Typen von Belegmaterial geht, lässt sich in diesem Fall eine übersichtlichere Reihung mithilfe eines ***there*-Satzes** herstellen:

Korrektur
There is insufficient evidence on the question of the causes of apathy ...

Schließlich lassen sich längere Elemente auch durch eine **Inversion** (= Umkehrung) der Satzgliedabfolge an das Satzende stellen.

Diese **Umkehrung** der üblichen Reihenfolge tritt besonders häufig mit bestimmten lexikalischen Elementen auf, insbesondere in Form von **Partizipien** und **Präpositionalgefügen**:

Contained in the definition are three terms belonging to the familiar terminology of the business cycle. (eco)
Embedded in his theory is one of his most famous doctrines … (socio)
Following is a paragraph from Neil Postman's Crazy Talk … (lit)
Of particular concern is its effect on behaviour in the developmentally delayed population. (med)

Mit besonderer Häufigkeit finden sich folgende Partizipien und andere Konstruktionen:

included, related, associated, embedded, situated, hidden, placed, attached, incorporated, interspersed, juxtaposed, woven, recommended, discussed, appended, intermingled, cast, contained, connected, enclosed, engraved, excluded, mounted, bolted, interposed, built, hinged, shown, pictured, installed
following, underlying, underpinning, contributing (to), paralleling, supporting, extending, projecting, encircling, embracing, sliding, working, operating, leading
of special note, of greatest importance, of particular interest, of equal/special/most/great concern
of a different sort entirely was … / of a piece with such views is …

Übung 30

Formulieren Sie folgenden Sätze so um, dass komplexere und/oder fokussierte Elemente am Satzende stehen.

1. *Little is known about the motivations, attitudes, and behaviors of consumers influenced by this marketing instrument. Thus, a greater understanding of the contexts in which these marketing strategies operate is necessary.*
2. *Count data methods made analyses of the general probability of on-the-job training as well as its frequency possible.*
3. *A direct relationship in diabetic patients between hyperglycemia and morbidity and mortality has been established.*
4. *The dispersion is considerable in West Germany as well.*
5. *To fully uncover the role of vocabulary knowledge in L2 proficiency, an empirical investigation of the extent to which vocabulary knowledge contributes to other language skills is needed.*
6. *Also, commercial devices e.g. such as those provided by Eppendorf, Kleindiek, Newport or Narishige and Cellbiology Trading are available.*
7. *Rethinking existing analytical tools and techniques which are inadequate is mandatory.*

Einheit 12: Keine betonten Elemente am Satzanfang

Aus den in Einheit 10 und 11 dargestellten Prinzipien der Informationsverteilung im englischen Satz folgt, dass Hervorhebungen am Satzanfang, die z. B. durch Adverbien eingeleitet werden, im Englischen eher selten sind. So lässt z. B. der folgende Satz, der den ersten Satz einer Einleitung darstellt, eine deutliche Interferenz mit der deutschen Syntax erkennen:

Negativbeispiel
Not only in Germany investment products of the Grey Capital Market are subject to political discussions demanding an increase of regulation. (eco)

Der Satzanfang lässt sich hier sehr leicht im Deutschen nachbilden:

Nicht nur in Deutschland sind Investmentprodukte des Grauen Kapitelmarkts Thema politischer Diskussionen, die eine stärkere Regulierung fordern.

Im Prinzip werden hier zwei Schwerpunktinformationen in einem Satz untergebracht: a) Investmentprodukte sind Thema politischer Diskussionen, die eine stärkere Regulierung fordern und b) das ist nicht nur in Deutschland der Fall.
Folgt man stur der englischen Grammatik, so müsste obiges Beispiel durch eine Inversion (die nach satzeinleitenden einschränkenden Adverbien steht) korrigierbar sein:

Korrektur 1
Not only in Germany are investment products of the Grey Capital Market subject to political discussions …

Bei dieser Art von Konstruktion würde der Leser jedoch als natürliche Fortsetzung die Nennung anderer Länder erwarten, wie folgender Satz verdeutlicht:

Not only in Russia are people in a state of ‚learnt helplessness' but the disease is also alive in the West.

Diese Erwartung baut der deutsche Satz jedoch nicht unbedingt auf, und eine Aufzählung anderer Länder war auch vom Autor des fehlerhaften englischen Satzes nicht intendiert. Somit gelangen wir zu folgender Korrektur:

Korrektur 2
Germany is not the only country where investment products of the Grey Capital Market have been made the subject of political discussions calling for an increase in regulation.

Übung 31

Die folgenden Sätze enthalten Elemente am Satzanfang, die betont werden sollen. Im Deutschen wäre diese Art der Betonung möglich, im Englischen jedoch nicht. Versuchen Sie mithilfe anderer Verfahren, einen Betonungseffekt zu erzielen.

1. *However, the story is not as simple as that. Not only the education of parents influences someone's adult education.*
2. *Already Schumpeter (1934) pointed out that only the innovative entrepreneur will be the successful one.*

Einheit 13: Themasatz und Absatzstruktur

Wie bereits aus den Ausführungen zur Satzstruktur hervorging, ist der Einzelsatz niemals unabhängig von seiner Umgebung zu betrachten. Um eine angemessene Informationsverteilung im Einzelsatz zu erreichen, muss meist zumindest der Vorgängersatz, besser jedoch der gesamte Absatz berücksichtigt werden. Der Absatz erweist sich somit als die primäre Vertextungseinheit.

Beim Schreiben von Absätzen sollte ein besonderes Augenmerk auf die am Anfang dieses Buchs genannten **drei Leitprinzipien des wissenschaftlichen Schreibens** im Englischen gelegt werden: **Adressatenorientierung, Argumentationszentriertheit und Linearität.** In der deutschen Schreibdidaktik wird nicht viel Aufhebens um Absätze gemacht; allenfalls findet sich hier und da der Hinweis, dass Absätze einen geschlossenen Gedankengang darstellen sollten. Dies führt häufig zu starker Asymmetrie in der Absatzgestaltung und teilweise sehr langen Absätzen (aus Platzgründen soll daher an dieser Stelle auf ein Negativbeispiel verzichtet werden).

Info

Für den englischen Absatz gelten dagegen folgende Grundsätze:

- Jeder Absatz führt einen Hauptgedanken aus.
- Jeder Absatz lässt sich in zwei Teile aufteilen, die wir als **Absatzthema** und als **Absatzrhema** bezeichnen wollen. Hier spiegelt sich also auf der Absatzebene die Struktur des guten Satzes.
- Das Absatzthema verknüpft den Absatz mit seinem Vorgänger und endet im Normalfall mit einem Kernsatz, der die zentrale Aussage des Absatzes macht (in Ausnahmefällen kann dieser auch am Ende stehen). Das Absatzrhema führt diese zentrale Aussage aus; am Ende kann ein Satz stehen, der auf den nächsten Absatz verweist oder den Inhalt des Absatzes zusammenfasst.

Schematisch lässt sich das folgendermaßen darstellen:

Absatz**thema** Kernsatz	Absatz**rhema**: Beispiele, Argumentation, usw. (Kern-/Überleitungssatz)

Übung 32

32 Zwei sehr gute Beispiele für gelungene Absätze liefern die Texte in Kapitel 10, die mit „Popper“ und „religion“ beginnen (S. 120 und 121) Betrachten Sie dieses erneut und unterstreichen Sie die Kernsätze.

Übung 33

33 Der folgende erste Absatz eines Forschungsantrags ist verbesserungswürdig. Konzentrieren Sie sich zunächst auf die Gesamtstruktur des Absatzes, dann auf andere sprachliche Fehler.

GOALS OF THE RESEARCH PROJECT AND JUSTIFICATION FOR EXAMINING THIS AREA

Based on the advancing relevance of computer-mediated communication in business relationships, scientific investigation gives a lot attention to the issues of e-negotiation. However, concerning the concept of interpersonal trust past research focused on the context of traditional face-to-face negotiation. In distinction from that, the adaptation of modern communication and interaction technology makes the negotiation context even more complex. One common thread in electronic negotiation literature and studies (e.g. Meyer 2007; Francis 2003) is that relationship and trust is more difficult to build in electronic interactions because of removed visual contact and missing nonverbal cues. Instead therefore, interpersonal trust has to be generated and nurtured via the applied media.

Einheit 14: Satzverbindungen

Ein Text, der nur aus einer Abfolge kurzer Hauptsätze besteht, wirkt monoton. Erschwerend kommt hinzu, dass er es dem Leser unmöglich macht zu erkennen, auf welche Informationen der Autor besonderen Nachdruck legt oder welche Informationen zusammengehören. Aus diesem Grund ist es ratsam, sich der verschiedenen Möglichkeiten der Satzverknüpfung im Englischen bewusst zu werden. Neben den Partizipialsätzen, die in Einheit 15 behandelt werden, sollte man vor allem mit folgenden Formen von Nebensätzen vertraut sein:

Hauptsatz	Nebensatz (mit englischer Bezeichnung)
People will work better	**conditional clause** if they know they are observed.
Many people work better	**reason clause (because, for; as, since)** because they are under tension.
Many people work better	**time clause (when, while, after, before, once, whenever, ...)** when they are under tension / after they have been put under pressure.
People work extra hours	**result clause** so that they have a better chance of being promoted.
There are people	**relative clause** who work well under pressure.
Germans like flextime,	**contrast clause** while the French prefer the 9-5 routine.
Many of these work better	**concessive clause** although none of them work well.
Just as more books are written,	**comparison clause** so more books are read.

Da der Bereich der Relativsätze besonders komplex ist, soll er hier noch weiter aufgegliedert werden:

who (+ people)	"defining" (notwendige Information) The people **who** were killed came from Namibia. ('the people' wird näher erläutert; 'The people came from Namibia' ergibt keinen Sinn) **„non-defining" (zusätzliche Information; mit Komma!)** The survivors, **who** were mostly Europeans, were glad to be able to go home. (der Relativsatz gibt zusätzliche Informationen über die Überlebenden; der Satz wäre auch ohne den Relativsatz sinnvoll)
whom (+ people)	defining: He was an actor **whom** Shakespeare had met early in his career. non-defining: This actor, **whom** Shakespeare had met early in his career, was of Scottish origin.
which (+ animals / things)	defining: This is the problem **which** needs to be solved. non-defining: The Great Plains were the home of the buffalo, **which** provided the Sioux Indians with food and clothing. sentential (bezieht sich auf den ganzen Vorgängersatz)
that	defining: This is the problem **that** needs to be solved. *nach* after all/little/much/none *und Superlativen*: She was **all that** mattered to him.
what (= that which)	defining: It is difficult to understand **what** the author is saying.
whose	defining: He helped the girl **whose** car had broken down. non-defining: The President, **whose** aids were absent, did not know what to say.
all of which / some of which / none of which / all of whom (etc.)	non-defining: There are several US companies in the area, **none of which** are well-known brands.
contact clauses	defining: That stare signals a time-out period the baby needs to calm himself down.
Präposition + Relativpronomen	He was an actor **with whom** Shakespeare had worked before. (weniger förmlich: He was an actor [who(m)] Shakespeare had worked with before.)

Relativsätze können auch als Partizipialsätze auftreten. Da letztere häufig kürzer sind, gilt dies als stilistisch vorteilhaft.

Partizipialsatz	Suppose an astronaut on a collapsing star, collapsing (**non-defining**) inward with it, sent a signal every second to the spaceship orbiting (**defining**) about the star.

Neben den **sentential relative clauses** stellen auch Nominalphrasen eine Möglichkeit dar, Zusatzinformationen in möglichst kompakter Form zu geben (vgl. Siepmann et al. 2011: 177):

> We can gain precision and facilitate narration by separating element x into objects and actions, **the linguistic equivalent of distinguishing nouns from verbs.** (= was in der Sprache der Unterscheidung zwischen Nomina und Verben gleichkommt)
>
> ... over time, his participants' use of direct requests decreased, whereas conventionally indirect requests increased, **a pattern also found in L1 paradigmatic development.** (Beispiele aus Springer 2012: 204)

Übung 34

Versuchen Sie in folgendem Absatz die Satzverbindungen eleganter zu gestalten und verbessern Sie lexiko-grammatische Fehler.

During the past years, cell manipulation has become an important aspect of biological applications. The delivering of small volumes of liquid drugs, toxins or nucleic acids and other active pharmaceutical components on single-cell level therefore became a field of research. The cells` size and properties are a challenge and biologists need special tools. Therefore researchers have dedicated various devices to perform cell manipulations and measurements, which unfortunately have several limitations regarding their handling and through-put rate. Also commercial devices e.g. provided by Eppendorf, Kleindiek, Newport or Narishige and Cellbiology Trading are available. However, all devices currently require extensive manual work and thus, the professional skills of the operator have a huge impact on the results. Also, methods to diagnose the condition of the end-effectors, such as a microinjection capillary, are not available during the operation. The shortcomings of the individual devices lead to a low through-put, a low success rate and reduced reliability in the results.

Einheit 15: Partizipialsätze

Unter den kompakten Satzverbindungen nehmen **Partizipialsätze** im Wissenschaftsenglisch einen breiten Raum ein; sie tragen zu einem **platzsparendem Satzbau** bei und helfen dem Leser zwischen der **vordergründigen Information** im Hauptsatz und der **hintergründigen Information** im Nebensatz zu unterscheiden. Aufgrund ihrer geringen Frequenz im Deutschen und ihrer Vernachlässigung im schulischen Englischunterricht werden sie von deutschen Schreibern des Englischen jedoch eher selten verwendet. Stattdessen werden häufig umständlichere Konstruktionen benutzt oder Sätze unverbunden nebeneinander gestellt.

Der folgende Überblick veranschaulicht die Hauptfunktionen von Partizipialsätzen:

= and
Kennedy concurs, **saying** that it is not easy to be confident that a body of texts is representative of present-day English. Accordingly, most verse theorists transform graphic elements into diacritical marks, **removing** them from the substance of the poem, **relegating** them to the status of guides to pronunciation or enunciation.
= which/who
To this extent money is a veil **concealing** the more fundamental forces which determine the standard of life of the economy. The term 'corpus', **coming** from the Latin word for 'body', was used as early as the 6th century to describe a collection of legal texts. Rousseau, **harking back to** the classical distinctions, argues that the diacritical marks which indicate pronunciation as well as prosody are the product of 'derivative languages'. A delayed hypersensitivity reaction (an intensely itching papular eruption) is characteristic, **beginning** 30 to 40 days after the infestation is acquired.
= and this
The dictionary includes more examples and idioms than most desk dictionaries, **making** it suitable for students of English as a second language. There are twelfth-century records at Ely, **suggesting** that lyric poetry was extant there at that time and **giving** to Canute the privilege of being one of the earliest of medieval poets.
= thus/thereby/as a result

They used visualization and modeling software that is similar to the tools used in nonschool environments, **(thereby/thus) increasing** students' understanding and the likelihood of transfer from school to nonschool settings. It was, to use a metaphor which he borrowed from Carlyle's *French Revolution*, to tread upon a sheet of ice which too readily would give way, **precipitating** the trespasser into the lightless abysses beneath.
= when/if
Turning towards literary history, one might say, **taking** a large view and **considering** content rather than place of origin, that even pre-dating the first bureaucratic translations come European translations of travellers' reports. **Educated** at Girton College, Professor Robinson took up a post as assistant lecturer at Cambridge University in 1931, **becoming** reader in 1949.

Eine besonders in den Geisteswissenschaften gebräuchliche Konstruktion, die dem Ausdruck der Begründung dient, lässt sich schematisch folgendermaßen darstellen:

V-ing, as it/they do(es)/did/was/were, …

Such sophisticated forms of local government are not easy to create, **depending as they do** upon the slow evolution of education and social awareness.

Burke's distinction between the sublime and the beautiful was extremely influential, **reflecting as it did** the prevailing style of contemporary criticism.

Dieser Gebrauch entspricht im Deutschen häufig einem begründenden *doch.*

Einige Partizipien sind durch ihren besonders häufigen Gebrauch gleichsam zu Präpositionen geworden:

including, considering, using, depending on (= je nach)

Partizipien treten darüber hinaus häufig mit folgenden Präpositionen und Konjunktionen auf:

by/through, in, after, before, without, despite; although, though, while (at the same time), whilst, when

Die mit diesen Wörtern gebildeten Partizipialsätze treten sowohl vor als auch nach den Hauptsätzen auf, auf die sich beziehen. Wie im Folgenden insbesondere die beiden Sätze mit ***since*** **+ Partizip** veranschaulichen sollen, folgt die Stellung des Partizipialsatzes generell dem Prinzip des Endfokus. Während im ersten Satz die Frage nach dem „Wann?" beantwortet wird, liegt der Schwerpunkt im zweiten Satz auf der Frage nach den Auswirkungen des Programms.

Thomas has been having problems **since entering** high school.
Start has been very beneficial to William, who has been diagnosed by a physician as hyperactive. However, **since participating** in Head Start, he is calmer and plays with other children without incident.
For political motives, Chomsky denounced positivism, **despite relying on** logic more than any other linguist.
It is imperative that this point be understood **before inquiring** further into the way in which each individual finite being is related to the whole in terms of the good.

Die Bedeutung dieser Partizipialsätze ergibt sich aus der üblichen Bedeutung dieser Präpositionen. Lediglich die Präposition *in* hat zwei spezielle Funktionen, deren erste *by* (d.h. im Deutschen einem modalen Nebensatz mit „indem") nahekommt, während die zweite eher *when* (d.h. im Deutschen einem temporalen Nebensatz) entspricht.

Modal	Traditional translation analysis, in comparing source and target, could be seen as a way of maintaining a distinction between two sides of a border.
Temporal	In evaluating the merits of research, its educational component should be an explicit criterion.
Modal/Temporal	They had two main objectives in doing this.

Einer präskriptiven Grammatikregel zufolge wäre der an zweiter Stelle zitierte Partizipialsatz, der nicht mit dem Hauptsatz verbunden ist (*dangling participle*), fehlerhaft, da das Subjekt des Hauptsatzes „its educational component" nicht dem impliziten Subjekt des Partizipialsatzes entspricht (*in evaluating* = *when we evaluate*). In der Wissenschaftssprache sind unverbundene Partizipialsätze dieser Art jedoch unproblematisch, da dennoch deutlich wird, wie der Gesamtsatz zu verstehen ist. Dasselbe Phänomen findet sich häufig in Verbindung mit passiven Verben im Hauptsatz:

The patient's level of function should be assessed in detail, focusing on family relationships, social network, and employment.

Übung 35

Formulieren Sie die folgenden Sätze mithilfe eines Partizips um.

1. *After he had trained as a doctor he obtained a post in Tübingen.*
2. *Non-employment may lead to a loss of human capital or to negative signalling effects and therefore increase the probability of unemployment.*
3. *A graph that shows the quantities of a commodity demanded at various prices is called a demand curve.*
4. *He completed his studies in Vienna and moved to London, where he began work on his doctoral thesis.*
5. *If we know the rate of interest available, we can calculate what value any given sum will have at some future date.*
6. *When we read this report we do not gain the impression that the authors have analysed their data with sufficient care.*
7. *Complex systems are the focus of attention in many research communities and very important and intriguing results have been achieved with respect to both structural frameworks and practical algorithms.*
8. *A flexible exchange rate removes this barrier by allowing the currency to float downwards as full employment is approached; this prevents a widening of the gap between imports and exports.*

Übung 36

Die folgenden Sätze stehen unverbunden nebeneinander. Verbinden Sie sie mit einem Partizip.

1. *Mozart research has, to date, only marginally dealt with Boccherini, which is a matter of some surprise when one considers that as early as the middle of the 19th century, Otto Jahn mentioned Boccherini in his discussion of Mozart's string quintets. Jahn only mentions Boccherini's quintets briefly, in a single sentence.*
2. *Only group 2 produced a positive response. This suggests that the other groups remained unaffected by the change.*
3. *MEMS sensors can be placed directly at the end-effector. This significantly increases the accuracy, the reliability and the reproducibility of the biological manipulation.*

Einheit 16: Gebrauch der Verbformen im Wissenschaftsenglischen

Der richtige **Gebrauch der Zeiten** ergibt sich zum Teil aus den Sprachboxen in Teil I dieses Leitfadens. Dort wird deutlich, dass der Zeitengebrauch je nach Artikelabschnitt unterschiedlich ausfällt: in Abschnitten wie „Introduction", „Discussion" oder „Conclusion" dominiert das **Präsens** (present tense), während im Methoden- und Ergebnisteil **Vergangenheitsformen** (past tense) breiteren Raum einnehmen (vgl. Hanania/Akhtar 1985). Zusammenfassend lässt sich der Verbgebrauch etwa folgendermaßen charakterisieren:

	Introduction	**Methods**	**Results**	**Discussion**
Present tense	high	low	low	high
Past tense	mid	high	high	mid
Passive	low	high	variable	variable

(Swales 1990: 105)

Etwas paradox mag anmuten, dass das **Präsens** hauptsächlich dazu dient, bereits **bekannte, allgemein anerkannte Forschungsergebnisse** zu referieren, während das **Präteritum** zur Darstellung eigener, **neu gewonnener Erkenntnisse** verwendet wird.

High blood cholesterol (HBC) **is** a major modifiable risk factor for heart disease.
(häufig im Textteil *Introduction*)

Screening prevalence **was** lowest among Hispanics.
Results from the main outcomes analysis **showed** that being in any of the intervention groups **resulted** in significantly greater recreational physical activity at follow-up compared to the control group.
(häufig im Textteil *Results*)

Um auf eine spezifische Studie Bezug zu nehmen, insbesondere im Rahmen eines Literaturüberblicks, wird ebenfalls häufig das **Präteritum** verwendet:

Scherer and Ross (1990) summarized the literature on the effect of mergers.

Das **Perfekt** (*present perfect*) nimmt eine **Zwischenposition** ein; es dient dem Verweis auf bereits bekannte Forschungsergebnisse im Kontext neu gewonnener Ergebnisse bzw. der Bezugnahme auf ein gesamtes Forschungsgebiet mithilfe eines forschungszentrierten Zitats, wie aus folgenden Beispielen aus a) einer *Discussion* und b) einer *Introduction* hervorgeht:

a) Several clinical studies **have shown** a relationship between hypercholesterolemia and the development of allograft vasculopathy.

b) The clustering problem **has been widely studied** in several disciplines [4, 9, 10, 11, 14].

Das **Präsens** wird darüber hinaus bevorzugt zur allgemeinen Bewertung von Sachverhalten eingesetzt, während das Präteritum der spezifischen Beschreibung oder Quantifizierung dient (vgl. Gledhill 2009: 76). Dazu einige Beispiele:

Interestingly, this correlation actually **appears** to mute the interaction effect. (eco)
In addition, although adrenalectomy in rats **has** no effect on basal expression of BDNF mRNA, it does potentiate seizure-induced increases in hippocampal BDNF mRNA expression. (med)

This same-factor effect **appeared** to be stronger for fathers and sons. (eco)
Levetiracetam **had** no effect on gene expression in control rats. (med)

Eine besondere Schwierigkeit wirft der **Zeitengebrauch in Verweisen** auf. Auch hier ist die üblichste Form der Gebrauch des **Präsens**, der hier gleichzeitig in typischen Konstruktionen veranschaulicht wird:

Miller (2010, 233) says / notes / suggests / argues / points out that ...
As Miller (2010, 233) notes, there is ...
For / according to Miller (2010, 233), there is ...

Wie oben bereits angedeutet, wird das **Perfekt** bevorzugt für Verweise verwendet, die eine Verbindung von bereits bekannten und aktuellen Forschungsergebnissen herstellen. Dies ist vor allem dann der Fall, wenn zum ersten Mal und in recht allgemeiner Form auf bestimmte Ergebnisse verwiesen wird oder wenn ohne namentliche Nennung eines Forschers auf ein größeres Forschungsgebiet Bezug genommen wird:

As Meyer (2011) **has argued**, …
The literature **has noted** the possibility that …
… while numerous studies **have shown** how regional forecast accuracy can be improved by economic base-bifurcation of employment (eco)

Das **Präteritum** schließlich wird vor allem in Fällen verwendet, in denen entweder eine **klare Bezugnahme auf einen Zeitpunkt in der Vergangenheit** erfolgt oder auf die **zeitliche Abgeschlossenheit der Forschungsarbeiten** hingewiesen werden soll (durchaus auch mit der Absicht, sich von älteren Forschungsarbeiten zu distanzieren). Man beachte im ersten der folgenden Beispiele den Wechsel vom Perfekt, welches, wie gerade dargestellt, der allgemeinen Einführung des Themas dient, zum Präteritum:

… the relationship between religion and economy **has been** the source of sociology's most famous theories. Weber **argued** that the unique theology of Protestantism nurtured a capitalist orientation …
Both seminal articles **pointed out** that the decomposition is not unique because an equally compelling alternative decomposition exists.

Wird ein bestimmtes Werk mit dem Titel benannt, dominiert wie im Deutschen die **Gegenwartsperspektive**:

… in An Essay concerning Human Understanding Locke **writes** that 'consciousness is the perception of what passes in a man's own mind'.
In the Rhetoric Aristotle **treats** phronesis as essential to the ethos of the civic orator

Wird dabei eine bestimmte Stelle gleichsam aus der Innenperspektive des zitierten Autors betrachtet, findet sich typischerweise auch die **Verlaufsform der Gegenwart** (*present progressive*):

Although *Love's Labour's* Lost is often dismissed as parochial and outdated, in it Shakespeare **is** in fact **demonstrating** in a visible and tangible way the arguments of his generation as they apply to language …

Überhaupt besteht eine gewisse Tendenz, Aussagen aus berühmten Quellen im Präsens wiederzugeben:

> Seneca **speaks** of "stage mechanics who invent scaffolding that goes aloft of its own accord" ...
> ... we will be engaging in the "search in common" that Plato **argues** is the foundation of learning (Gorgias 81)

Schließlich hängt der Zeitengebrauch auch von der Art des redeeinleitenden Verbs ab. Grundsätzlich lassen sich drei Typen von Verben unterscheiden: kognitionsbezogene, diskursbezogene und forschungsprozessbezogene (Hyland 1999). Die folgende Tabelle nennt die wichtigsten Vertreter:

Kognition: **eher Präsens**	**Diskurs:** **häufig Präsens**	**Forschung:** **häufig Präteritum**
assume, believe, consider, doubt, regard, suspect, think	add, argue, claim, conclude, emphasize, maintain, note, point out, propose, report, say, state, suggest, write	analyse, describe, demonstrate, develop, discover, find, hypothesize, identify, indicate, investigate, notice, observe, reveal, show, study, use

Was die Wahl der **redeeinleitenden Verben** (*reporting verbs*) angeht, so hat jede Disziplin bestimmte Präferenzen (Swales/Feak 2004):

Disziplin	**Verben und ihre Häufigkeit**					
Rang	**1**	**2**	**3**	**4**	**5**	**6**
Biologie	describe	find	report	show	suggest	observe
Physik	develop	report	study	find	expand	
Elektrotechnik	propose	use	describe	show	publish	develop
Maschinenbau	describe	show	report	discuss	give	develop
Pflegewissenschaft	find	suggest	report	identify	indicate	show

Medizin	show	report	demon-strate	observe	find	suggest
Marketing	suggest	argue	find	demon-strate	propose	show
Angewandte Linguistik	suggest	argue	show	explain	find	point out
Psychologie	find	show	suggest	report	demon-strate	focus
Soziologie	argue	suggest	describe	note	analyze	discuss
Erziehungswis-senschaft	find	suggest	note	report	demon-strate	provide
Philosophie	say	suggest	argue	claim	point out	think

Die in Schulgrammatiken häufig sehr ausführlich behandelten Regeln für die **indirekte Rede** gelten für die Wissenschaftssprache nur bedingt. Grundsätzlich sind zwei Fälle zu unterscheiden:

1. Steht das redeeinleitende Verb in einer Form der Gegenwart, bleiben die Verbformen im zitierten Teil unverändert.

   Cruse says that this feeling of simultaneous closeness and distance can be at least partially explained by semantic dimensions. (ling)
   One labor historian notes that union membership has not increased at labor leaders' initiative … (eco)

2. Steht das redeeinleitende Verb in einer Form der Vergangenheit, gilt insbesondere dann das Gleiche wie in 1., wenn die Situation, über die berichtet wird, immer noch vorherrscht oder eine Verallgemeinerung vorgenommen wird. Je größer die vom Autor subjektiv empfundene Nähe zu den zitierten Arbeiten, desto eher wird er eine Zeit der Gegenwart einsetzen.

   He **found** that both students and employers **benefit** from participating in cooperative education.
   Tierney (1988) **said** that higher education **has** a tendency to recognize culture only after its bounds have been crossed …

Soll eine gewisse **Distanz zu den zitierten Arbeiten** geschaffen werden, wird der sogenannte „backshift" vollzogen, d.h. die Umsetzung von *present tense* in *past tense*, von *present perfect* in *past perfect*, von *will* zu *would* usw. Im Gegensatz zu den Regeln der Schulgrammatik – diese verlangt den Wechsel von der *past tense* (z. B. *performed*) zum *past perfect* (*had performed*), wenn berichtete Sachverhalte bereits zum Zeitpunkt des Berichts in der Vergangenheit lagen – bleiben Verben in der *past tense* aber in der Regel unverändert:

> By comparing data on sulfur dioxide and smoke emissions in 42 countries, the authors **found** that concentrations of these emissions **increased** in major cities of countries where the per capita income was below $5000, but **declined** again after per capita income exceeded that figure.

Verweise auf den eigenen Vortext erfolgen im Deutschen häufig im Plusquamperfekt:

> Als ein Ordnungsmaß für die AS **hatten** wir den relativen kontextualen Bindungsgrad R(x) der Glieder einer Item-Folge **benutzt**.

Dies führt zu Fehlern wie dem folgenden:

> **Negativbeispiel**
> However, there are further developments that we had referred to as self-referential systems.

Im Englischen stehen jedoch in diesem Fall das Perfekt (*have referred*) oder das Präteritum (*referred*).

> Thus what was unique about the attack on the philosophical tradition which has here been called counter-philosophy is its apocalyptic outlook.
> This concept, which I mentioned in the Introduction, is from Heidegger's *Being and Time*.
> This suggests, as we have intimated, one limit of a racially liberal civil rights frame.
> The pattern exemplified by (33) is that which we have referred to previously as Hypotactic Apposition.

Einheit 17: Hedging

Sind sich Autoren ihrer Aussagen nicht sicher oder wollen sie sich vor Kritik schützen, so verwenden sie suggestive Wendungen des Typs *is likely to, may, could* usw. Wie nach dem Leitprinzip der Argumentationszentriertheit zu erwarten, treten derartige als *hedging* bekannte Verfahren in Texten englischer Muttersprachler signifikant häufiger auf als in deutschen Texten (vgl. z. B. Trumpp 1998: 200); sie finden sich insbesondere in *results sections* oder *discussion/conclusion sections*. In Texten deutscher Autoren finden sich dagegen eher Partikel (*certainly, obviously* usw.), welche die Autorität des Autors unterstreichen sollen. Bei direkter Übertragung in das Englische verstoßen derartige Formulierungen gegen die Höflichkeits- und Bescheidenheitsnormen.

Negativbeispiel
This review of reviews has made a major contribution to the ongoing analysis of promoting and inhibiting factors associated with the physical activity of children and adolescents.

Ob es sich um einen wesentlichen Beitrag handelt, sollte die Fachöffentlichkeit entscheiden.

Korrektur
It is hoped that this review of reviews has made a useful contribution to the ongoing analysis of promoting and inhibiting factors associated with the physical activity of children and adolescents.

Da die Hedging-Funktion eines Ausdrucks immer im Kontext entsteht, lässt sich keine vollständige Auflistung von Hedging-Konstruktionen geben; es seien einige typische Beispiele genannt:

1. Modale und approximierende Ausdrücke:
may, might, can, seem, appear, suggest, indicate, tend to, be likely to, be inclined to, possible, possibility, suggestion; probably, presumably, apparently, generally, usually, as a rule, relatively, comparatively, somewhat, to some extent

2. Subjektivierende Ausdrücke:
I/we + Verb (believe/think), to our knowledge, in my experience

3. Unpersönliche Ausdrücke:
an attempt is made to, it is appropriate / better / best / difficult (usw.) to

+ Infinitiv, it is reasonable to assume / argue / expect, it is a reasonable assumption that, it is widely recognized that, there is widespread recognition that, a moment's thought shows that

Will man beispielsweise den Absolutheitsanspruch einer Kausalbeziehung (z. B. *we found that family conflict causes mood disorders*) abschwächen, so stehen mehrere Möglichkeiten zur Verfügung:

We found that family conflict is related to the onset of mood disorders.
It was found that family conflict was related to the onset of mood disorders.
Our findings raise the possibility that family conflict may be related to the onset of mood disorders.
There was evidence to suggest that (in some cases/in most cases) family conflict may have been related to the onset of mood disorders.
It could be inferred that family conflict may be related to the onset of mood disorders.

Einheit 18: Verschiedenes

In dieser Einheit sollen rekurrente Fehlerquellen, die keines ganzen Abschnitts bedürfen, kurz angesprochen werden.

- **Fehlendes *of*:**

Während im Deutschen z. B. Städtenamen („die Stadt Nürnberg") direkt an das kategorisierende Substantiv „Stadt" angeschlossen werden, muss im Englischen häufig die Präposition „of" als Verbindungswort eingefügt werden („the city of Nuremberg"). Vgl.:

the trait of / the topic of social competency	*das Merkmal / das Thema soziale Kompetenz*
This formula of 'a shift from the string quartet to the string quintet' shows remarkable parallels to Mozart's work.	*In dieser Formel „vom Streichquartett zum Streichquintett" zeigt sich eine bemerkenswerte Parallele zu Mozarts Schaffen.*

Ähnliche syntaktische Erweiterungen oder Verknappungen finden sich z. B. in folgenden Formulierungen:
Skalen sozialer Kompetenz → social competency scales, social skill scales
die Skalen zur Selbsteinschätzung sozialer Kompetenz → scales measuring self-perception of social skills, scales measuring self-assessment of social competencies (nicht: **scales of/on self-perception …*)

molekulare Mechanismen der Lymphomentstehung -> molecular mechanisms underlying the formation of lymphomas

- **Fehlende Personalisierung:**

Eine abstrakte Formulierungsweise im Deutschen kann im Englischen häufig vorteilhaft durch eine personalisierende ersetzt werden. Vgl.:

The assimilatory process, which inevitably presupposes the active participation **of the individual,** transforms social resources into individual resources and implements.	*Der Aneignungsprozess selbst, der nur in der Tätigkeit erfolgen kann, macht soziale Werkzeuge und Mittel zu individuellen Werkzeugen und Mitteln.*
The two composers first adopted the string quintet form in the early 1770s, **each** approaching it from his own background and each working under specific conditions.	*Die Hinwendung zum Streichquintett erfolgte bei beiden Komponisten zu Beginn der 1770er Jahre und hatte jeweils spezifische Voraussetzungen und Bedingungen.*

- **Übersetzung von Pronomen:** z. B. „eigen(e/r/s)", „der eine"/"der andere":

1. Eigene Forschung	*The author's / My / Our own research* (nicht: *1. Own research)*
Neither of the two painters was influenced by the other.	*Keiner der beiden Maler ließ sich vom anderen beeinflussen.*
There is no reason to believe that either was influenced by the other.	*Nichts spricht dafür, dass sich der eine vom anderen beeinflussen ließ.*
No two patients are alike.	*Kein Patient gleicht dem anderen.*

Übersicht über die Übungen

1 Sprachhandlungen in wissenschaftlichen Artikeln

2 Sprachliche Probleme und Lösungsstrategien

2.1 Wortebene

Lösungen

1 Sprachhandlungen in wissenschaftlichen Artikeln

Schritt 1: Ergebnisse

Übung 1

As previously noted, the main purpose of this investigation was to determine the effectiveness of different vocabulary learning methods. The mean and standard deviations for the vocabulary learning test **are shown in Table 1. The overall finding is that** the means and medians obtained are **significantly greater** for method 3 (Friedman test: $p < .01$); **this suggests that** a noticeably large number of participants achieved significant vocabulary gains using the keyword method.
The other methods **were found to be somewhat** less effective, with no **significant differences** between them (Wilcoxon test). A comparison of the medians shows that method 1 is the least effective.
These findings would seem to support the assumption that vocabulary is learned most effectively when it is encoded both visually and verbally.

(N.B.: Aufgabe und Lösung sind aus Platzgründen inhaltlich verkürzt und vereinfacht worden. Das Sprachmaterial, das den Boxen entnommen wurde, ist fett hervorgehoben.)

Schritt 2: Einleitung

Übung 2

Die Lösung findet sich im Anschluss an die Aufgabe. (vgl. a. Teil 2, Übung 28)

Übung 3

Hier wird zunächst der deutsche Ausgangstext reproduziert, aus dem hervorgeht, dass der englische Text in seiner Struktur Satz für Satz dem deutschen Text nachempfunden wurde:

Übelkeit und Erbrechen nach Operationen in Allgemeinanästhesie: Eine evidenzbasierte Übersicht über Risikoeinschätzung, Prophylaxe und Therapie
Die Inzidenz von Übelkeit und Erbrechen nach Operationen („postoperative nausea and vomiting" [PONV]) in Allgemeinanästhesie bei Verwendung von Inhalationsanästhetika beträgt ohne Prophylaxe bis zu 30 Prozent. PONV ist somit neben postoperativen Schmerzen eine der häufigsten Beschwerden nach Operationen in Allgemeinanästhesien (1[1]).
Bei etwa acht Millionen Anästhesieleistungen pro Jahr für operative Eingriffe in Deutschland bedeutet dies eine Anzahl von bis zu 2,4 Millionen Patienten, die jährlich unter PONV leiden (e1), wenn keine Prophylaxe durchgeführt wird.

Während die anästhesiebedingte Letalität und Morbidität in den letzten Jahrzehnten drastisch gesunken sind, gewinnen die „Outcome"-Parameter Wohlbefinden und Patientenzufriedenheit zunehmend an Bedeutung (e2). Diese werden durch PONV wesentlich beeinflusst (2–4, e3). Überdies haben auch ökonomische Aspekte eine Bedeutung, da PONV zu einer signifikanten Verlängerung der Verweildauer im Aufwachraum mit gesteigertem personellen Betreuungsaufwand führen kann

1 http://www.aerzteblatt.de/archiv/literatur?id=78823#nr1; etc

(e4) und bei pädiatrischen Patienten weiterhin der häufigste Grund für die etwa 1 bis 2 Prozent ungeplanter stationärer Aufnahmen nach ambulanten Operationen darstellt (e5, e6). Die in Fallberichten beschriebenen schwerwiegenden Komplikationen infolge von PONV wie zum Beispiel Aspirationspneumonie, Boerhaave-Syndrom, ausgeprägte Hautemphyseme, Pneumothorax, Trachealruptur sowie Visusverlust ermahnen trotz ihres seltenen Auftretens, diese Problematik nicht zu unterschätzen (e7–e14).
Für den deutschsprachigen Raum sind Empfehlungen zur Prophylaxe und Therapie von PONV erstmals 2007 publiziert worden, wobei diese auf Literaturrecherchen bis zum Jahr 2005 basieren und somit aufgrund neuer Erkenntnisse einer Überarbeitung bedürfen (5). Die ebenfalls im Jahr 2007 publizierten Empfehlungen der Society for Ambulatory Anesthesia (SAMBA) fußen zwar auf Literaturrecherchen bis zum Jahre 2006, bedingen allerdings durch ihren Anspruch auf internationale Gültigkeit einen hohen Abstrahierungsgrad, der für den deutschsprachigen Raum einen direkten Transfer in Handlungsempfehlungen problematisch erscheinen lässt (6).
Die vorliegende Übersicht zur Prophylaxe und Therapie von PONV basiert auf einer systematischen Literaturrecherche mit anschließender Wertung nach Evidenz- und Empfehlungsgraden im Rahmen eines Expertenkonsensus des Jahres 2009 (30. 3. 2009 in Frankfurt am Main) und kann als Grundlage für die Umsetzung in „Standard Operating Procedures" (SOP) im deutschsprachigen Raum angesehen werden.

Die Thema-Rhema-Struktur dieses Textes sieht folgendermaßen aus:

1. T1(Hyperthema)-R1 (sehr spezifische Aussage)
2. T1(kontinuierlich)-R2 (allgemeine Aussage, die dem englischen Text ähnelt)
3. T2(linear)-R3
4. T3(unverbunden)-R4
5. T4(unverbunden)-R5
6. T4(kontinuierlich)-R6
7. T5-R7
8. T1(unverbunden)-R8
9. T6-R9 *die in Fallberichten beschriebenen schwerwiegenden Komplikationen infolge von PONV* führt ein rhematisches Element ein
   a) in Fallberichten werden Komplikationen als Folge von PONV beschrieben
   b) das eigentliche Thema (diese Problematik) erscheint erst am Satzende
10. Unverbundene Rahmung-T7-R10
11. T7(linear)-R11
12. T1(wie T6 nur teilweise verbunden)-R12

Die konzeptuelle Struktur ist somit ebenfalls weniger „dicht" als im englischen Beispieltext, der in **Übung 2** präsentiert wurde:
Inzidenz von DISORDER ist QUANTIFICATION. DISORDER ist häufig.
THIS STATE OF AFFAIRS bedeutet QUANTIFICATION.
(begründet implizit gesellschaftliche Bedeutung)
Während OTHER DISORDERS gesunken sind, nehmen PARAMETER an Bedeutung zu. Diese werden durch DISORDER beeinflusst. Überdies haben auch OTHER ASPECTS Bedeutung, da DISORDER zu höherer HOSPITAL STAY und stationären TREATMENT

führt. COMPLICATIONS infolge von DISORDER wie OTHER DISORDERS ermahnen PROBLEM (Verweildauer/Aufnahmen) nicht zu unterschätzen.
(erläutert bisherigen Wissensstand; begründet implizit auf wissenschaftlicher Ebene die Notwendigkeit des folgenden Schritts)
Für AREA sind RECOMMENDATIONS für TREATMENT von DISORDER zu TIME erschienen, wobei RECOMMENDATIONS auf altem RESEARCH basieren. OTHER RECOMMENDATIONS basieren auf neuerem RESEARCH, aber [negative evaluation].
(begründet implizit Notwendigkeit von deutscher Überblicksstudie)
ARTICLE zu DISORDER basiert auf RESEARCH bis 2009 und kann als BASIS für IMPLEMENTATION angesehen werden.
→ vier durch eine implizit begründende Struktur (d.h. durch Textmusterwissen) miteinander verknüpfte Blöcke (cf. Thielmann 2009, s. Einleitung zum Abschnitt „Introductions")
Eine nach englischen Vertextungsprinzipien gestaltete Einleitung könnte dagegen z. B. folgendermaßen aussehen:
PONV is one of the most common complaints following surgery under general anesthesia, with an incidence of ... [allgemeine vor spezifischer Aussage]
Evidence from a range of studies suggests [advance organizer; author/study-prominent citation] that PONV has a considerable impact on such outcome parameters as patient wellbeing and patient satisfaction, which are assuming an added importance given the dramatic fall in anesthesia-related mortality and morbidity. PONV also has significant financial implications, as it may lead to a substantial prolongation of time in the recovery room. In pediatric patients PONV is the most common cause of ... unplanned hospitalizations following outpatient surgery. These problems should not be underestimated, especially since case reports of PONV describe serious complications such as aspiration pneumonia, ...
To date, there have been few guidelines for preventing and treating PONV relevant to the German-speaking world. A set of recommendations published in 2007 was based on searches of the literature up to 2005 and may require revision in the light of new findings. The recommendations of the ..., published in 2007, display a high level of abstraction ...
Based on a systematic review of the literature ..., this review of PONV prevention and treatment seeks to provide a basis for drawing up standard operating procedures in the German-speaking world.

Übung 4

Alternative Formulierungen für die hervorgehobenen Stellen:

1) ***Much of the social and environmental research on*** *tropical countries* ***focuses on*** *the outcomes of expanding cities and rapidly growing urban populations.*
   → **Alternative:** A current focus in social and environmental research into tropical countries is on ... / A large number of sociological and en-vironmental studies have been published in recent years documenting ... /
   Sociologists and environmental researchers have devoted much attention to ...

   Understanding the impacts of urban sprawl on land cover, biodiversity, and watersheds, for example, ***are important areas of concern*** *(e.g., Weng 2001;Pauchard et al. 2006; Li et al. 2007; Grimm et al. 2008).*

→ **Alternative:** have generated lively research interest / have been the subject of much study

However, there are *concomitant social and economic outcomes associated with urban expansion* ***that also warrant attention****, including employment opportunities in construction (Ball and Connolly 1987; Firman 1991; Scott and Storper 2003).*
→ **Alternative:** That said, there is still a conspicuous dearth of research on … / These efforts/advances notwithstanding, there has been little scholarly study of … / However, … that also merit / deserve attention // which have suffered comparative neglect (in the literature)

A key component of capitalist economic development (Hillebrandt 1974; Harvey 1978; Ball and Connolly 1987; Giang and Pheng 2011), the construction sector ***plays a particularly important role in*** *the economies of urbanizing areas of the tropics where housing demands are growing at unprecedented rates (UNFPA 2007).*
→ **Alternative:** … plays a vital role … / … plays a significant part … / is integral to …

For development and government decision makers, therefore, ***understanding where and how*** *components of the construction sector affect regional economies is* ***integral to*** *development initiatives in tropical regions (Scott and Storper 2003).*
→ **Alternative:** … a clearer understanding / better appreciation of …. … is key to …

This article uses a case study to examine *the role that location, clustering, competition, and labor play in the development of the building material industry in and around Xalapa, the capital city of Veracruz, Mexico.*
→ **Alternative:** Our investigation takes a case study approach to exploring … / In this paper we use a case study to … / takes … as a case study to examine …

2) ***Research and epidemiological data have revealed*** *public health, medical, and economic impacts of sexually transmitted infections (STIs) and unintended pregnancy among adolescents and young adults (CDC, 2009; Chesson, Blanford, Gift, Tao, & Irwin, 2004; Institute of Medicine, 1995).*
→ **Alternative:** … have illustrated … / have provided ample evidence of …

According to the CDC *(2009), sexually active 15 - 24 year olds are at higher risk for STIs for a variety of reasons including behavioral, biological, and cultural factors. (…)*
→ **Alternative:** The CDC (2009) reports that …

With regard to condom use, ***findings indicated that*** *among participants who had vaginal intercourse within the last year, men 18 - 24 years old used a condom 44.9% (95% CI = 37.4% - 52.7%) of the time during their most recent 10 occurrences of vaginal intercourse and women 38.7% (95% CI = 31.0% - 47.0%) of the time (Reece et al., 2010b).*
→ **Alternative:** it was found that / the data showed that

Despite the demonstrated efficacy of male latex condoms, ***few studies have assessed*** *where sexually active individuals typically acquire condoms (Reece, Mark, Schick, Herbenick, & Dodge, 2010).*

→ **Alternative:** little is known about / there is a lack of research that examines / few efforts have been made to determine

Research *related to condom use* ***typically assumes that*** *condom utilization implies correct and consistent use, as well as sufficient condom availability.*
→ **Alternative:** A typical assumption in research on condom use is that …

Empirical studies have identified *a high prevalence of condom-related errors among college age young adults (Crosby, Sanders, Yarber, & Graham, 2003; Crosby, Yarber, Sanders, & Graham, 2004; Crosby, Sanders, Yarber, Graham, & Dodge, 2002; Sanders, Graham, Yarber, & Crosby, 2003; Yarber, Graham, Sanders, & Crosby, 2004) as well as a lack of overall condom availability (Crosby et al., 2003; Crosby et al., 2002).*
→ **Alternative:** Empirical studies have shown / revealed // according to empirical studies, there is …

There is ***a plethora of research about*** *the sexual health concerns and sexuality-related problems of college students, but* ***little is known about*** *the extent or comprehensiveness of sexuality-related services at college health centers. (…)*
→ **Alternative:** The sexual health concerns and … have been extensively studied / researched / investigated // Numerous studies have documented; little work has been done on / little attention has been devoted to // there has been little systematic analysis of

The purpose of the present study was to assess *condom and safer sex product availability, condom distribution procedures, and number of condoms distributed/year within college health centers nationwide.* ***Specifically, the foci of the study are six fold and designed to assess the following:*** *(a) …, (b) …, (…)*
→ **Alternative:** The aim of this study was to assess / investigate; More specifically, the study focuses on six areas of interest

3) ***Most*** *learners of English need to develop their pronunciation ability to the point where it has no serious effect on comprehensibility when they are engaged in oral communication. Some develop this skill naturally over time and to a reasonable level of accuracy through imitation of one native speaker norm or another. Others need to work harder at it with expert guidance. Morley (1991, p. 492-495)* ***provides a comprehensive overview of*** *groups of learners in special need of pedagogical support for pronunciation for both ESL (English as a second language) and EFL (English as a foreign language) settings.*
→ **Alternative:** offers an in-depth overview of / gives a detailed survey of

Yet, Derwing and Munro (2005) ***lament the "marginalization of*** *pronunciation within applied linguistics" (p. 382).*
→ **Alternative:** … emphasize the almost complete absence of research on pronunciation / have pointed to the deplorable lack of research on

Their informal survey shows *either* ***complete omission of*** *pronunciation from some key publications, such as* The Handbook of Second Language Acquisition *(Doughty & Long, 2003), or* ***only minimal attention to*** *the topic (as in Hedge, 2000; Nunan, 1999).*

→ **Alternative:** According to their non-systematic survey, the subject of pronunciation is completely absent from ... or is given only minimal attention / suffers severe neglect.

*They also **found few papers on** pronunciation in journals in applied linguistics.*

→ **Alternative:** Similarly, in journals in applied linguistics, there were few papers on pronunciation in evidence. / Their overview also revealed a lack of interest in the topic in journals in applied linguistics.

*Research in Canada, Britain and Australia shows that in addition to a lack of training in pronunciation instruction, English teachers, in general, do not have a strong enough background in phonetics to feel confident to teach pronunciation (Breitkreutz, Derwing, & Rossiter, 2002; Burgess & Spencer, 2000; MacDonald, 2002; Murphy, 1997). Moreover one of the key features of a pedagogy of pronunciation is necessarily feedback on performance, and yet providing pronunciation feedback is an intensive, time-consuming activity requiring one-to-one work. It is not surprising, then, that pronunciation is **often given little attention** in the classroom, particularly in the communicative curriculum where a focus on meaning has long dominated over a focus on form, including phonetic form.*
→ **Alternative:** suffers comparative neglect / is little used / is often neglected

*In this context, the computer-assisted language learning approach **appears to be promising**, as it can enable students to work on improving their pronunciation independently, focusing on aspects of pronunciation relevant to individual needs, based on L1 (first language) background and language learning goals (Pennington, 1999).*
→ **Alternative:** may hold considerable potential

***Unfortunately, it appears that** much of the commercially-available pronunciation software does not meet the criterion of being "linguistically and pedagogically sound" (Derwing & Munro, 2005, p. 391; see also Neri, Cucchiarini, Strik, & Boves, 2002). (...)*
→ **Alternative:** That said, however, it should be noted that

***The data reported in the current paper form part of** a larger collaborative project, involving researchers in phonology, computer science, and second language pedagogy.*
→ **Alternative:** The findings reported here ... / the outcomes of the current research ...

The findings discussed in the present paper are part of ...

***The project explores** the provision of automated feedback on learners' pronunciation, in the context of pronunciation development as a component of conversational fluency (Pennington & Richards, 1986). (...)*
→ **Alternative:** The project investigates ...

***The project component presented in this paper aims to identify** the principal speech features that contribute to comprehensibility and nativeness.*
→ **Alternative:** The purpose of the project component discussed here is to identify / pin down

Schritt 3: Methoden

Übung 5

Finally, non-random **<sample> attrition** can represent one of the main pitfalls of using panel data.
Lawton's average distance to the other areas approximately equals the **<sample> average.**
Sample bias occurs when the selected sample is systematically different to the population.
The **<sample> consists of** urban tracts in bottom quintile of 1990 average family income.
This coding captures most of the changes in JSL rules over our **<sample> period**
The **<sample> restrictions** we have imposed give an imperfect representation of the plant structure of the economy.
Including both sets of countries increases **<sample> size**
Rock Corer-Grinder is used to **extract small samples** from rocks within reach of the PAW
The **samples** are **processed** in laboratory facilities.

Schritt 4: Discssion / Conclusion

Übung 6

Die Schritte erscheinen als blaue Zahlen in Klammern vor den jeweiligen Sätzen bzw. Satzfolgen. Wiederverwendbares Sprachmaterial erscheint in Fettdruck.

a) Einleitung

The conventional interpretation of the pathogenesis of lupus nephritis, in man or mouse, **is that** IgG auto-antibodies deposit in the kidney in the form of immune complexes, leading to inflammation and tissue damage [4,32]. In the case of lupus-prone mouse strains, **substantial circumstantial evidence has implicated** antibodies of both the IgG2a and IgG3 subclasses in the pathogenesis of glomerulonephritis leading to renal failure [6-9,11-14,33].
While the evidence implicating IgG3 antibodies in the pathogenesis of the spontaneous glomerulonephritis in MRL/lpr mice **is substantial, it is not definitive.** None of the reported perturbations that affect both the serum levels of IgG3 and the incidence or severity of glomerulonephritis influence only serum IgG3 concentrations. (1) **Therefore, the goal of the proposed studies was to** define more precisely the role of antibodies of the IgG3 subclass in MRL/lpr renal disease by directly comparing IgG3-producing (γ3 +/- and +/+) to IgG3-deficient (γ3 -/-) mice of the MRL/lpr background. (1) **The current analysis was undertaken with the recognition that** even after twelve generations of backcrossing to minimize the chances of cryptic but relevant genetic differences between IgG3-deficient (γ3 -/-) and IgG3-producing (γ3 +/- and +/+) mice of the MRL/lpr background, there remains some finite, if low, probability of such allelic disparities [34]. (1) **Therefore, to the extent possible, we have compared** MRL/lpr mice of the three genotypes deriving from the same litters of crosses between γ3 heterozygotes. (2) Genetic **analysis of** single nucleotide polymorphisms at 200 loci on chromosomes 1-19 (data not shown) **strongly suggested that** donor origin DNA

was restricted to the distal end of chromosome 12 near the γ3 heavy chain constant region locus. (2) **Furthermore**, the biologic behavior of the γ3 +/+ mice **resembled closely** that of mice of the parental MRL/lpr strain in several characteristic features.

b) Bewertung

While the presence of two defective y3 heavy chain constant region alleles did not greatly reduce the titers of auto-antibodies of all IgG subclasses, this genotype was associated with highly significant reductions in IgG3 auto-antibodies specific for dsDNA and αγ-actinin. (5) **Perhaps the most crucial point is that** γ3 +/+ mice, and to a lesser extent +/- mice, exhibit **substantial** serum titers of these IgG3 auto-antibodies that **could contribute to** progressive kidney damage, **whereas** in γ3 -/- mice such progression is diminished. **If** the auto-antibodies of the IgG3 subclass effectively contribute to scarring of kidney tissue, **then** this difference in the concentrations of these antibodies **could account for the observed differences** among the mice of the three γ3 heavy chain constant region genotypes. (6) **The results from** the kidney elution **studies are also generally supportive of the importance of** IgG3 antibodies **in mediating** the destruction of functional renal tissue in γ3 +/+ mice.
(8) The mechanism(s) by which IgG3 antibodies **might contribute to** the pathogenesis of glomerulonephritis **were not directly addressed in the present study. Additional investigation will be necessary to determine** the relative importance of direct versus indirect pathways in the mediation of tissue damage by IgG3 antibodies. **Observations indicating that** both IgG2a and IgG3 antibodies are contributory to kidney disease **raise the possibility that** IgG3 rheumatoid factors (i.e. antibodies able to bind to IgG Fc regions), which can exhibit specificity for IgG2a Fc regions and are present at high frequency in MRL/lpr mice [16,17], exacerbate the inflammatory stimulus created by the renal deposition of IgG2a antibodies. **The dual presence of** IgG2a and IgG3 antibodies **in** affected kidneys **suggests the possible importance of** interferon gamma in the pathogenesis of the kidney disease, as this cytokine can enhance production of antibodies of both subclasses [35,36]. **Another mechanism that may be operative alone, or in concert with** rheumatoid factor activity of IgG3 antibodies, **relates to the effects that** self-association of IgG3 molecules **might exert on** effective valence and functional affinity. Increased avidity, or functional affinity, of the antibody component of immune complexes increases the likelihood of complexes to deposit and especially to persist within glomerular capillary walls, independently of other properties of the antibodies or immune complexes [37-39]. **In turn**, a prolonged dwell time of immune deposits in the glomeruli **might promote** the increased production of constituents of the basement membrane, leading to more extensive sclerosis and accelerated irreversible destruction of functioning nephrons. Among mice sacrificed at defined ages, the glomerular pathology in γ3 +/+ and +/- mice evolved from endocapillary proliferation to frank sclerosis far more frequently than in γ3 -/- mice. (6) Histopathologic **examination of** kidneys recovered from mice dying spontaneously **is also consistent with the notion that** the absence of IgG3 antibodies attenuates the irreversible renal damage associated with the MRL/lpr mouse strain. **Nevertheless, it is also clear that** even in the absence of IgG3 production, kidney damage ensues, as reflected in endocapillary proliferation.
(4) The **comparison of** the γ3 +/+, +/- and -/- mice with respect to long-term survival

revealed dramatic, and highly statistically significant differences between either +/+ or +/- and -/- mice (p = 0.0006) in the average age of mortality. **These results are reasonably, and most simply, interpreted as** suggesting that antibodies of the IgG3 subclass **contribute significantly to** the more rapid mortality of the γ3 +/+ and +/- mice by causing the immune complex-mediated renal disease to progress to end stage renal failure. Given the SNP typing, the nearly identical mortality curves for male and female mice of all y3 genotypes, and the presence in the γ3 -/- mice of the unusual CD3+, CD4-, CD8- lymphoid population that characterizes MRL/lpr +/+ mice, **we believe that** the γ3 -/- mice have an authentic MRL/lpr background, and that **it is very unlikely that** an unidentified allelic difference between +/+ (or +/-) and -/- mice **accounts for** the phenotypic differences **described herein.**
(8) **Finally, it is of interest to note that** the γ3 heavy chain constant region locus has yet to be associated with the murine lupus phenotype in genetic screening [40-42]. **This failure to** connect the γ3 heavy chain-bearing antibodies with the disease process **may be reflective of a potential, but insufficiently appreciated, weakness of** genomic screening **approaches.** Genome-wide or more focused **screens** for disease-associated alleles **assume that** any gene products involved in a pathogenic process will be encoded at polymorphic loci **such that** some, but not all, allelic products at the relevant locus or loci will be participants in the disease process (or at least will be substantially more contributory than alternative alleles). The γ3 heavy chain constant region gene is the most conserved heavy chain constant region gene in the mouse, **and therefore**, it may be rendered invisible in gene-disease association studies using standard inbred mouse strains, within which there may be no, or only very limited, polymorphism. **Nevertheless, as in the present study**, the lack of naturally-occurring disease-influencing polymorphisms at a locus does not prevent the gene product encoded at that locus from contributing to a pathogenic process. **This is a particularly important consideration in light of the observations reported in this study, because** progression of lupus nephritis, rather than the incidence of the renal disease, varies with the γ3 -/- genotype.

(IgG3 deficiency extends lifespan and attenuates progression of glomerulonephritis in MRL/lpr mice, Biology Direct 2012, 7:3)

Schritt 5: Abstract

Übung 7

BACKGROUND: A number of articles have addressed differences in productivity between male and female dentists, but **little is known about** differences between the sexes in practice patterns regarding caries management.

METHODS:

In this study, the authors surveyed general dentists who **were** members of The Dental Practice-Based Research Network (DPBRN) and who **practiced** within the United States. **The survey included questions about** dentists', practices' and patients' characteristics, **as well as** prevention, assessment and treatment of dental caries. **The authors adjusted** the statistical models for differences in years since dental school graduation, practice model, full-time versus part-time status, and practice owner or employee status **before making conclusions about** sex differences.

RESULTS:
Three hundred ninety-three male (84 percent) and 73 female (16 percent) dentists **participated.** Female dentists **recommended** at-home fluoride **to a significantly larger number of** their patients **than did** male dentists, **whereas** male dentists **had** a preference for using in-office fluoride treatments with pediatric patients. Female dentists also **chose** to use preventive therapy more often at earlier stages of dental caries. **There were few differences between** the sexes in terms of diagnostic methods, time spent on or charges for restorative dentistry, and busyness of the practice.
CONCLUSIONS:
Female DPBRN dentists **differ** from their male counterparts **in some aspects of** the prevention, assessment and treatment of dental caries, **even with significant covariates taken into account.**
PRACTICE IMPLICATIONS:
The practice patterns of female dentists **suggest** a treatment philosophy with a greater focus on caries prevention.

Übung 8
This article analyses economic implications of screening. It begins by considering requirements for screening programs before outlining methodological standards of health economic evaluation.
The article goes on to use the example of newborn hearing screening to examine whether empirical studies meet the methodological requirements of health economic evaluation. This examination reveals several deficiencies. First, health economic studies of newborn hearing screening are not randomized; most studies are not even controlled. This is why the majority of studies focus on incremental rather than average cost-effectiveness ratios (i.e. cost per case identified). Second, there is insufficient evidence on the long-term outcomes of screening and early interventions. It is concluded that there is a need for controlled trials to examine differences in the cases identified, and more specifically to examine long-term effects.

2 Sprachliche Probleme und Lösungsstrategien

2.1 Wortebene

Einheit 1: Übliche Wortverbindungen und Konstruktionsmuster

Übung 1
research about → **a:** sehr allgemeines oder breit angelegtes Thema
research in → **a:** sehr allgemeines oder breit angelegtes Thema
research into → **b:** Thema
research on → **b:** Thema
research by → **c:** Forscher oder Forschergruppe
research of → **f:** Zeit
research among → **e:** Population
research at → **d:** Ort

Übung 2

Die der Konkordanz zu entnehmenden Teillösungen sind farbig markiert.

1. Throughout, his book / study remains at the forefront of current research and debate / criticism. / He proves equal to the task of / up to the challenge of responding to current research questions.
2. Future research may (further) explore / one line of research that may be further explored ... (... awaits further research / deserves further study / the present research may be extended to ...)
3. However, we know from other research that ... / However, other/previous/prior research has shown that ...
4. Most research on business management has focussed on the ...
5. As prior / previous research has shown / found / established
6. In accord with / consistent with previous research he begins by referring to Lessing's acquaintance with Jerusalem
7. which summarizes outcomes of research on management / the results of research already conducted in the area of management / research findings relevant to / related to / on management studies ...
8. freedom of research
9. Rather, we will focus on the major lines of research (undertaken by ...).
10. research on / into bee-keeping
11. Most prior research has focused on the question (as to) whether; the primary focus of research has (so far) been the question ...; At the centre of (this) research has been the question
12. Another remarkable piece of research was triggered by / has its origin in ...
13. Any research on the embryo must be forbidden.

Übung 3

1. This set of facts supports the assumption that New Guinea was settled from Australia.
2. Under the assumption that the assets cannot be liquidated in the short term, illiquidity typically implies insolvency in this model.
3. To test (oder: in order to test) these assumptions, the subscale measuring fear was selected from the standardized State Trait Anxiety Inventory (STAI).
4. This is why new (oder: recent) lines of research have increasingly challenged this assumption.
5. Further, it is a reasonable assumption that these two interpretations (oder, je nach Kontext: meanings, ways of seeing, conceptions) developed in parallel.
6. To discover whether this assumption is generally true, we will now consider the current state of publications in neo-Latin studies.

Übung 4

Die Korrekturen erscheinen in Fettdruck.

1. Criticisms **of** Kaplan's and Clyne's studies have focussed on their culture-bound values.
2. We **investigate / examine / explore whether** regional mobility is systematically related to long-distance moves in some sectors and short-distance moves in others.
3. **Our results show that** the gains of regional migration are highest for those workers who move from rural low-wage areas to metropolitan high-wage areas.
4. **On the basis of an analysis of research articles on biology**, Miller reformulated the dual model and proposed a 'polypragmatic' explanation of hedging in scientific writing.
5. There is no **way of correcting** our view of reality if the perceptions were false.
6. Resnick suggests **incorporating** more of the features of successful out-of-school learning by the use of simulated work environments.
7. Attempts **at** integration have led to the concentration of certain groups in comparatively small areas.
8. In her poems, short stories and fairy tales, Tekinay describes 35 social problems, attempting to voice the concerns of those who are often the most discriminated **against** in German society, the Turkish Germans.
9. It therefore enables **us to gain/obtain** insights **into** actual processes of language change. (weniger üblich: enables insights into)
10. This proposal aims **to bring** a novel engineering-driven perspective to this growing and exciting field. (die Konstruktion aim + at + V-ing ist möglich, aber in Fachtexten in diesem Kontext unüblich)
11. The literature on contracting out has developed several criteria **for assessing** the performance of tendering systems.
12. They refrain from large wage increases in order to reduce the probability **of future wage cuts / of having to cut** ...
13. The analysis for Germany also provides some **insights into / clues as to** whether Elsby's predictions can be observed in a country that may already be affected by wage compression.

Übung 5

classical	music, mythology, tradition, theory, literature, logic
historic	environment, victory, townscape, building, city
historical	materialism, linguistics, atlas, fact, fiction, perspective, significance, precedent, record(s)
electrical	engineer, engineering, switchgear, interference, stimulation, conductivity, impulse, equipment, circuit, retailer
classic	example, tale, comedy
electric	guitar, fence, cooker, heater, motor, heating, lighting, pump, shaver
economic	prosperity, downturn, well-being, migrant
economical	car, fashion (in an ... fashion)

Übung 6

1. The most prominent mental symptom **of** Alzheimer's disease is the progressive and severe decline in memory functioning. (example / symptom / herald / measure of, symptomatic / indicative / characteristic / typical of)
2. **Of** central relevance **to** this approach are research findings in two main areas. (of concern to, of interest to, of consequence to, of import to, of interest to, link / parallel / relevance / similarity / relationship to)
3. Obviously, if the structures one actually observes bear no relationship **to** these underlying models, we must radically reconsider the usefulness of the model. (vgl. 2.)
4. Red cloaks, for example, were typical **of** the Spartans. (vgl. 1.)
5. If so, then there is a strong possibility that the subjects' attitude **to / towards completing** the test may have affected the results as much as their knowledge. (addiction / antagonism / approach / dedication / devotion / opposition / reaction to / to + V-ing)
6. Their contact **with** the community could produce valuable sources **of** information. (appointment / meeting / date / reunion / link(s) with)
7. The focal learning experience in the course will be the student's relationship **with** a patient **with / facing / suffering from** a life-threatening illness. (acquaintance / affair / affiliation / alliance / association / bond / friendship / intimacy / liaison / oneness / rapport with)
8. Thus a key aspect **of** these verbs is their relationship **with** likelihood, necessity and ability. (basis / bottom / climax / ingredient / middle / nucleus / top of; auch: relationship with)
9. The infant's relationship **to** the breast is an equivocal one.
10. There is considerable debate **about / over** whether the caste system is specific to Hindu culture. (controversy / criticism / discussion / negotiation / speculation over / about)
11. In such trials, it was typical **of** defendants to claim that they were only sharing/ borrowing the objects in question. (vgl. 1.)
12. The ash does not give a correct measure **of** what the plant needs. (vgl. 1.)
13. Through Mall's influence, Ludwig's attitude found reflection in Florence's proverbial generosity **towards / to** students and colleagues alike (advances / agression / behaviour / favouritism / gesture / hostility / leniency / violence towards)
14. The immediate popularity of the book was evidence **of** the change in taste. (vgl. 1.)
15. Socrates, the herald **of** an ontology of substance? (vgl. 1.)
16. Contact **with** Zoroastrianism, reaction **against** the early Christian church and incessant persecution led to modifications **in / of** the Jewish faith.
17. She proved painfully allergic **to** Calvinism, and resisted the insistent theology and discipline with which it was daily administered. (vgl. 5.)
18. They carry their antagonism **to / towards** the "legal" system to the very verge of Antinomianism. (vgl. 5.)
19. Aestheticism flourished partly as a reaction **against** the materialism of the burgeoning middle-class. (*auch* reaction to)

Übung 7

a) address b) reveal c) ascribe to d) assume e) obtain

Übung 8

1. Each participant received a handout for **their own comments**.
2. Each round was **scheduled to last three minutes**.
3. There was clear evidence of deficiencies in the provision of …; concerning **und** regarding **lassen sich meist durch andere Präpositionen ersetzen und sind nur besonders üblich nach Wortformen wie** *questions, issues, findings, research, literature)*
4. *Although there is some evidence on the usefulness of mobile viral marketing from marketers' perspective, little is known about the motivations, attitudes, and behaviors of consumers engaged in this marketing instrument.*
   → **Korrekturstrategie:** z.B. Google-Suche: *engaged in * instrument:* keine relevanten Ergebnisse;
   → **Korrekturvorschlag:** *consumers using/employing this marketing instrument* (es könnte auch gemeint sein: *consumers affected by this marketing instrument*)
5. *Complex systems are often composed of a large number of different interacting entities. Even if the functionality of single entities is well understood, the system as a whole may show amazing phenomena, which cannot be explained by studying merely pairs of entities.*
   → **Korrekturstrategie:** Frage: kann ein System Phänomene zeigen?; einsprachiges Wörterbuch: *amazing* zu umgangssprachlich; Konsultation eines Kollokationswörterbuchs;
   → **Korrekturvorschlag:** *Complex systems are often composed of a large number of different interacting entities. Even if the functionality of single entities is well understood, the system as a whole may* **exhibit unique characteristics** */behaviours, which cannot be explained merely by studying individual interactions within the system.*
6. **Complexity of networks has become a recent topic of great importance.**
   → **Korrektur: has only recently become a topic of great importance**
7. *Conversely, the development of thorough models and analytical tools will provide deeper insight into the principles of biological networks.*
   → **Korrektur:** *rigorous models*
8. *The Max-Planck-Institute … and the University of … are both engaged in work in the area of the physics of complex systems.*
   → **Korrektur:** *both work on the physics of complex systems/both carry out research on …*
9. *Key point will be a holistic approach, comprehending systems as a whole and not through its isolated points*
   → **Korrektur:** *The central thread/thrust of our proposal is to comprehend … (rather than) through their isolated components.*
10. *Erlang's research aim was to derive predictive models for complex telecommunication transactions.*
    → **Korrektur:** *Erlang's interest was in obtaining predictive models for complex telecommunication transactions.*

11. *The approach will be to quantify to which amount the failure of a single channel impacts the functionality of the system as a whole.*
   → **Korrektur:** *Our approach will be to quantify the degree to which …*
12. *We believe that the derived tools are of high interest to non-biological networks.*
   → **Korrektur:** *We believe that the tools obtained will be highly relevant to non-biological networks.*
13. *We regard a period after a policy reform in 2005 that introduced a new means-tested benefit.*
   → **Korrektur:** consider
14. *These workers are harder to place into available jobs. Therefore it is an interesting question whether groups of people with different employment probabilities benefit to a different extent from an assignment to a private placement service.*
   → **Korrektur:** *It is therefore worthwhile / worth investigating / enquiring / asking whether there are differences in the extent to which;*
   (Schwerpunkt der Aussage im fehlerhaften Satz auf Adverb)
15. *Plenty of studies document the existence of downward nominal wage rigidity.*
   → **Korrektur:** *a large number of / a host of*
16. *Both conference presentations and research articles underlie temporal or spatial constraints.*
   → **Korrektur:** *are subject to*
17. *The focus of this paper is to analyze instruments an innovative company can use in order to prevent competitors from entering into the market.*
   → **Korrektur:** *the purpose of this paper is to examine the instruments … from entering its market*
18. *Following these criteria we analyzed several empirical studies on their findings on barriers to entry. The result is the following list of types of barriers.*
   → **Korrektur:** *With these criteria in mind, we carried out a detailed scrutiny of several empirical studies, giving special attention to their findings concerning barriers to entry. We found that the obstructions in question could be classified as follows:*
19. *The summary of important results as well as an outlook conclude the article.*
   → **Korrektur:** *(…) we sum up our main findings and suggest some promising lines of inquiry that might be worth pursuing.*

Einheit 2: Partizipien und Infinitive

Übung 9

Nominalkonstruktion durch eine Partizipialkonstruktion ersetzt

1. They must decide on the adoption of one of the possible solutions.
   → Ersetzung möglich, aber evtl. doppeldeutig
2. He devoted much time to the copying of the scriptures.
   → **to coyping** besser
3. Racism appears to be a major factor in the explanation of wage differentials.
   → **in explaining** besser
4. Workers derive satisfaction from the fact that they are given responsibility for their work. → **from being given …** wesentlich besser

5. There is a small amount of conventional fuel involved in the production of biomass of this type.
   → **in producing** eleganter
6. Special emphasis should be placed on the development of students' capacity of effective self-learning.
   → **on developing** besser

Übung 10

1. The idea **of creating** an extensive collection of magnetic fields has been widely studied.
2. This will close off the possibility **of having** someone else as your business associate.
3. This route **to establishing** a community is often unsuccessful.
4. The most common approach **to treating** (selten auch: **to treat** = um ... zu) insomnia is the prescription of a sedative.
5. This is an argument **for saying** that such laws ought to be directly effective.
6. It is a good idea **to make** notes.
7. Students underwent a kind of strategy training with the aim **of transforming** their perceptions.
8. Suppose that you were faced with the task **of determining** the level of the next sampled voltage.
9. His concern was **to create** a scholarly version of this part of the Bible.
10. Outdoor water play allows children to freely explore fluids without the concern **of keeping** water in a confined space.

Einheit 4: Übertragung von deutscher Terminologie

Übung 11

On the basis of close collaboration between X and Y the program is intended to / aims to develop effective and practical prevention activities / programs.

Übung 12

Durch Konsultation von Google Books lässt sich eruieren, dass *literary socialization* [fast] ausschließlich in Texten deutscher Muttersprachler vorkommt. Es handelt sich also nicht um einen Begriff, der in anglophonen Denkkollektiven üblich ist. Stellvertretend dafür kann man den Begriff der „Erfahrung" setzen, der in der Tat auch in Verbindung mit dem Adjektiv „literary" hundertfach nachweisbar ist. Eine passende Kollokation ist „receive experience". Dass die Lesesozialisationsforschung seit geraumer Zeit ein wichtiges Forschungsgebiet in Deutschland darstellt, sollte evtl. zusätzlich an anderer Stelle erläutert werden: *One is the question of how students form concepts of literary education through the literary experience they receive in the senior years of high school, and how educational processes unfold during these years.*

Einheit 5: Zählbare und unzählbare Substantive und Pluralisierung

Übung 13

1. KE and PE **are the** potential and kinetic **energies** of the molecule, respectively.
2. Domestic and global inflation **was** in high gear.
3. Einstein's system is part of **a mathematics which enables us** to reconstruct the history of our universe.
4. Objects with **opposite charge/with opposite charges** attract. **(beide Lösungen sind richtig)**
5. It is possible to obtain permission or a license to use multiple copies of **a piece of software**.
6. Pragmatics **is** a branch of linguistics that considers meaning in context.
7. The study measured the gastric emptying of milk in preterm infants, finding no difference between different **milks**.
8. **Temperature increases arise** from metabolic reactions and friction generated by the sliding of molecules past each other in the contractile and elastic elements.
9. The linking of individuals' **social behaviours and experiences/ social behavior and experience** to a broader social context is one of the distinguishing features of sociological thinking. **(beide Lösungen sind möglich; es besteht ein Bedeutungsunterschied zwischen "experiences" [Erfahrungen, Erlebnisse] und "experience" [(Lebens-)Erfahrung])**
10. The data **is/are** hierarchically structured. **(wesentlich üblicher in der Wissenschaftssprache und in diesem Kontext, der mehrere Elemente impliziert: *are*)**
11. It conveys **important information** about the meaning of an utterance.
12. Each impulse **carries a charge of** q coulombs…

Übung 14

<u>absence</u>, *access*, *advice*, <u>analysis, age</u>, *awe*, <u>cancer</u>, <u>economy</u>, <u>education</u>, <u>environment</u>, *equipment*, *ethics*, <u>failure</u>, <u>fear</u>, *freedom*, *hardware*, *health*, *homework*, *inflation*, *information*, *insurance*, *integrity*, *intimacy*, *knowledge*, *nature*, *news*, <u>philosophy</u>, *phonetics*, *pollution*, *progress*, *reluctance*, <u>research</u> (BE), *semantics*, <u>space</u>, <u>treatment</u>, <u>velocity</u>, *wealth*, *welfare*, *wildlife*

Übung 15

… these properties, however, could not offer comprehensive protection against both components depending on the estimate of (the) expected inflation.
→ Null-Artikel vor *protection*

Previous essays by Bodie (1976), Jaffe/Mandelker (1976) und Fama/Schwert (1977) found a negative correlation between nominal stock returns and realized inflation. These correlations were confirmed even when considering expected and unexpected inflation separately.
→ Null-Artikel vor *expected* and *unexpected inflation*

2.2: Satzebene

Einheit 6: Subjekt am Satzanfang und Ursache-Wirkungsbeziehungen

Übung 16

Die Nomina in Subjektposition bezeichnen **Verfahrensweisen in Wissenschaft oder Gesellschaft**. Dem Deutschen nachempfundene Formulierungen würden hier wiederum **Präpositionalphrasen** verwenden, was gewöhnlich die Verwendung einer passiven Verbform nach sich zieht (z. B. *in Einzelinterviews wurden … befragt*).

Übung 17

1. Although there are other ways of measuring inflation, such as the GDP deflator, this study uses the CPI as the proxy for inflation.
2. The recently published third volume of Boccherini Studies contains a number of articles which shed fresh light on the authenticity of Boccherini scores.
3. The example of newborn hearing screening is then used to examine whether …

Übung 18

1. In such circumstances the discrepancy between the domestic and foreign rates of inflation will **result in** the continual upward drift of the exchange rate. (J. A. Trevithick, *Inflation*: 112-113)
2. Under the gold standard, the American payments deficit would have **led to** a flow of gold out of America into Britain. (J. A. Trevithick, *Inflation*: 113)
3. The third energy crisis **was triggered by** the first Gulf War.
4. This would **produce** an inflationary gap, a rise in the flow of imports and a deterioration in the international competitiveness of British exports. (J. A. Trevithick, *Inflation*: 113)
5. Indeed, the additional increase in the price level **brought about through** the downward drift in the value of the currency will add further momentum to the inflationary spiral.
6. Over the past few years, cell manipulation has become an important feature of biological applications. **This has meant that** the delivery of small volumes of liquid drugs, toxins or nucleic acids and other active pharmaceutical components at single cell level has developed into a new field of research.

Übung 19

1. **This article analyses** health-economic implications of screening.
2. **These problems make it unlikely** that full-fledged goal identification can be automated in the near future.
3. (Vorgängersatz) In 2003(,) the BMBF established the interdisciplinary Prevention Research Funding Programme **with a view to promoting research aimed at** improving primary prevention and health promotion. The idea is to create … / This will help create …
4. **This trial observed** …
5. In Germany recent months have seen important developments relating to … / In recent months Germany has seen …; die Lösung "Important developments relating to employment rights for …" ist nicht optimal, da der Schwerpunkt der Aussage nicht auf der Zeitangabe liegt, sondern auf der neuen Entwicklung.

Übung 20

The significant autocorrelation of the returns themselves, as well as of the residuals produced by the above regression equation, calls for an extension of the Fama/Schwert approach with an ARMA model.

Einheit 7: Verbal- vs. Nominalstil (I)

Übung 21

1. There are two reasons why East and West German employment trajectories may converge / may be converging.
2. Childcare facilities are an important condition for reconciling work and family (oder präziser: employment and caring for children).
3. It is essential to reorient dental care on multiple levels with a view to further improving prophylaxis.
4. Ascorbyl radicals were detected by … oder präziser: The amount of Ascorbyl radicals was measured directly by …
5. To divide the material into two parts, we chose to …
6. This systematic review discusses a topic of obvious relevance to Public Health – the promotion of physical activity among / in children and adolescents.
7. One reason why … may be only moderately effective is that [relatively] little is known about … / Eine weitere nominale Variante könnte lauten: One possible cause of the **limited effectiveness** of intervention programs may be **a dearth of knowledge** about the factors involved in / associated with the activity behavior of children and adolescents …
8. Our approach will have to be evaluated …

Übung 22

1. Die Anlage der Stichprobe von TIMSS 2007 gewährleistet Repräsentativität hinsichtlich Viertklässlern in Deutschland, nicht hinsichtlich der Lehrer und Eltern. (Frey 2011)
   The composition of the sample ensures that it is representative of German fourth-graders while not being representative of teachers and parents (Variante: …; however, it is not representative of teachers and parents.)
2. Die Darstellung osmotischer Vorgänge, ihrer theoretischen Grundlage und die Beziehung zum derzeitigen Wissen über Membranen wurde analysiert.
   An analysis was made / conducted / performed of descriptions of osmotic processes, the theories on which such descriptions are based, and the relation in which they stand to what is currently known about membranes.
3. Die Analyse dient als Grundlage einer empirischen Untersuchung von Schülervorstellungen und von Konzepten bei Biologielehrern hinsichtlich osmotischer Prozesse.
   The analysis serves as a basis for an empirical study of the various ways in which osmotic processes are viewed by students and biology teachers.
4. Globalisierung ist ein Begriff der Gegenwartsdiagnose. (Osterhammel/Petersson, *Globalisierung*, 7)
   Globalisation is a term often used to explain today's world / often used in giving a diagnosis of the present era.

5. Die erste Hinwendung zur Gattung des Streichquintetts geht bei Boccherini und Mozart auf völlig verschiedene Umstände zurück. Als Gemeinsames läßt sich jedoch erkennen, daß sich beide Komponisten auf das Neue einließen aufgrund gewisser Gelegenheiten, die sich ihnen an ihrem unmittelbaren Wirkungsort boten.
   The set of circumstances that led Boccherini and Mozart to **turn to** the genre of the string quintet were strikingly different. **One commonality** that can be observed, however, is that both composers showed a willingness to engage with this new form as the result of certain opportunities which presented themselves in **the cities in which they did most of their work.**
6. Unter der Annahme der gleich bleibenden Bonität des Staates sollte die reale Verzinsung einer Treasury Bills im Zeitablauf konstant sein.
   Assuming that / under the assumption that the country's creditworthiness remains unchanged, the real interest on a Treasury bill should be constant over time.

Einheit 8: Verbal- vs. Nominalstil (II)

Übung 23

1. His main preoccupation was **with** broad historical and comparative issues and with political administration and its impact on society.
2. The third way that the Fed can influence the money supply is **by/through changing** the federal funds interest rate. (hier unwahrscheinlich, aber prinzipiell möglich: to change)
3. A parallel research effort was coordinated by LBNL on mitigation options in the forestry sector. Its main focus was **on developing** methods to estimate carbon emissions from land-use change and to evaluate mitigation options to reduce net emissions.
4. The emphasis is **on** the idea that the individual acts within a social structure.
5. According to psychoanalytic theory, the infant, whose primary identification is **with** the mother, has to overcome the conflict involved in abandoning that identification without feeling threatened.
6. His most current research is **on** the nature of expertise in historical interpretation.
7. The main application of chlorhexidine is **in** the management of gingivitis.
8. Berkeley 's argument was **with** Newton **about** the foundations of the calculus.
9. A key challenge in developing an every-citizen interface to the national information infrastructure is **in recognizing** the ongoing evolution in our concepts of what the "interface" encompasses.
10. Science is **about determining** truth.
11. Smoking is possibly associated. A less common association is **with** HIV.
12. The basic claim the earliest Christians made was **of having witnessed** divine intervention through God's restoration of Jesus to life.

Übung 24

To the extent that gender difference could be expected, **the anticipation**, as explained above, **was for** a small effect in favour of the girls regarding prosocial traits.

Übung 25

A key moment is **when** Carrie receives her first speaking part.
A concern was **whether** this feedback would heighten awareness of this problem and prompt physicians to order more assays.
The challenge was **how** to establish a curriculum that would serve the interests of a variety of liberal arts majors entering a variety.
The criterion for knowing a word was **whether** the subject has a vague understanding of the word to rate it in State 1.
Another consideration is **that**, with the divorce of management from ownership, many enterprises strive to maximize sales.
An example is **when** a submarine earthquake stirs up bottom sediment into the water.

Einheit 9: Adjektive vs. Adverbien

Übung 26

1. Das Streichquintett bei Mozart und Boccherini unterscheidet sich **am auffälligsten** in der Besetzung.
   The most noticeable difference between the string quintets of Mozart and Boccherini lies in their instrumentation.
2. Nachdem offenbar nichts dafür spricht, dass sich der eine vom anderen in der Quintettkomposition beeinflussen ließ, bleibt zu prüfen, inwiefern wir eine mögliche Haltung willentlicher Selbsttreue oder lokaler Anpassung antreffen. Dies macht **in erster Linie** bei Mozart Sinn, da Boccherini aufgrund seiner immensen Quintettproduktion am Markt ungleich präsenter war als Mozart.
   This kind of question makes particular sense in the case of Mozart.

Übung 27

1. It is therefore worthwhile / worth investigating / enquiring / asking whether there are differences in the extent to which; Schwerpunkt der Aussage im fehlerhaften Satz auf Adverb
2. **Korrekturstrategie:** Wechsel des Schwerpunkts der Aussage von Partizipialadjektiv zu Substantiv
   Korrekturvorschlag: To cope with the enormous increase in ... are becoming exceedingly complex

2.3 Textebene

Einheit 10: Informationsverteilung im Satz oder „alt vor neu“

Übung 28

1. In 2003 the BMBF ... with the aim of / with a view to funding / promoting / stimulating research [designed] to improve primary prevention and health promotion.
2. In 2003 the BMBF ... with the aim of / with a view to funding / promoting / stimulating research (designed) to improve primary prevention and health promotion. On the basis of close collaboration between X and Y the program is intended to / aims to develop effective and practical prevention activities / programs // The idea / aim is to ...
3. The aim of this study was to investigate **whether, in sociology**, the forms and frequency of hedging depend on culture-specific and genre-specific features.
4. We showed that, in the base setting, ...
5. To increase external validity, ...
6. It is however interesting to observe **that, both in** the German and in the Russian conference presentations, modal words expressing weak commitment to the statement are more frequently accompanied by audience reference.
7. Noise pollution will be experienced by everyone personally; in other words, it is subjective.[1]
8. This therapy was well tolerated without impairing thyroid function. **A transient ... was found in only one case.**

1 Dieses Beispiel stammt von Mike Hannay.

Übung 29

Der Text weist eine klare Thema-Rhema-Struktur auf. Das Schema veranschaulicht, dass er insgesamt 5 Themata enthält, die sich alle linear aus dem Vorkontext ergeben, wobei Thema 1 deutlich dominiert.

1. T1(Hyperthema)-R1
2. T1(kontinuierlich: R1=T1)-R1/2
3. T1(kontinuierlich)-R3
4. Frame-T2(linear)-R4
5. T3(linear)-R5
6. (anchoring) Frame-T1(linear)-R6
7. (anchoring) Frame-T4(unverbunden)-R7
8. T1(linear)-R8
9. T2(unverbunden)-R9
10. T1(linear)-R10
11. T5(linear)-R11

Einheit 11: Schweres ans Satzende

Übung 30

1. → **Korrektur:** *what*-Satz: what is therefore necessary is / what we need, therefore, is
2. → **Korrektur:** ein Element vorziehen: made possible analyses …
3. → **Korrektur:** unterbrochene Struktur: In diabetic patients, a direct relationship has been established between X and Y.
4. → **Korrektur:** *there*-Satz: There is also considerable dispersion in the West of Germany.
5. → **Korrektur:** unterbrochene Struktur: … investigation is needed of …
6. → **Korrektur:** Also available are commercial devices …
7. → **Korrektur:** Existing analytical tools … are inadequate and need to be redesigned.

Einheit 12: Keine betonten Elemente am Satzanfang

Übung 31

1. It is not only a person's parental education that influences their educational success. / Parental education is not the only factor to influence adult educational success.
2. As far back as / as early as 1934, Schumpeter pointed out that entrepreneurs have to introduce innovations in order to be successful.

Einheit 13: Themasatz und Absatzstruktur

Übung 32

Die Kernsätze sind die jeweils ersten Sätze der Auszüge. Häufig treten Kernsätze jedoch auch als zweiter oder dritter Satz eines Absatzes auf.

Übung 33

Logik

→ **Einleitungssatz**: Based on the advancing (…): Der Satz ist logisch schief, da die Forschung sich nicht auf die Relevanz einer Sache stützt. Verbesserungsvorschlag: **Since** computer-mediated communication is becoming increasingly relevant to business relationships, the issues surrounding e-negotiation have attracted considerable scholarly attention / there is a growing (body of) literature on the issues surrounding e-negotiation.

→ Instead therefore: keine erkennbare logische Beziehung zum Vorgängersatz.

Informationsverteilung

→ However, concerning (…): Missachtung der Thema-Rhema-Abfolge: Das neue Thema (interpersonal trust) sollte in Endstellung gerückt werden. Verbesserungsvorschläge:

(a) So far, however, the primary focus has been on traditional face-to-face negotiation, especially with regard to the concept of **interpersonal trust**.

(b) It may therefore be interesting to reexamine / revisit the concept of **interpersonal**

trust, which was discussed extensively in early research on face-to-face negotiation, but has not yet been investigated in connection with e-negotiation. (Änderung der logischen Beziehung: therefore statt however)

→ In distinction from that (…) more complex:
Wenn wir uns für Lösung (a) entscheiden, ist es sinnvoll, den Begriff interpersonal trust als Thema des nächsten Satzes zu verwenden: **Trust** is hard to establish when negotiations are carried on without face-to-face interaction.
Wenn wir uns für Lösung (b) entscheiden, können wir e-negotiation als Thema verwenden: E-negotiation tends to be difficult because the absence of direct personal contact tends to create an atmosphere of mutual suspicion and antagonism.

→ One common thread (…):
Wenn wir die Thema-Rhema-Gliederung am Anfang eines Absatzes ändern, müssen wir im Regelfall den ganzen Absatz umstrukturieren. Im vorliegenden Fall kann man anhand von *this idea* (vgl. Einheit 10 zur Rolle von *this*) eine Beziehung zum Vorgängersatz herstellen: **This idea** runs like a leitmotif through recent publications dealing with electronic negotiation (…).

Weitere sprachliche Probleme:
advancing relevance: growing relevance
removed visual contact: the absence of visual contact
missing nonverbal cues: the absence of nonverbal cues
the applied media: the media employed by the negotiators?
Based on: owing to? Based kann nicht eine Kausalbeziehung ausdrücken.

Einheit 14: Satzverbindungen

Übung 34

During the past few years, cell manipulation has become an important feature of biological applications. **This has meant that** the delivery of small volumes of liquid drugs, toxins or nucleic acids and other active pharmaceutical components at single-cell level has developed into a new field of research. **Since** the cells' size and properties are a challenge, biologists need special tools / The cells' size and properties require biologists to use special tools, **a variety of which** have been developed to perform cell manipulations and measurements. Unfortunately, these devices have several limitations on their handling and through-put rate. **Also available are** commercial devices such as those provided by Eppendorf, Kleindiek, Newport or Narishige and Cellbiology Trading.

However, all the devices **in question** currently require extensive manual work, **so/ such that/with the result that**, the professional skills of the operator have a huge impact on the results/outcomes of research. **Another disadvantage / drawback is that** methods for diagnosing the condition of the end-effectors, such as a microinjection capillary, are not available during the operation. The**se** shortcomings of individual devices lead to a low through-put, a low success rate and reduced reliability of the results.

Einheit 15: Partizipialsätze

Übung 35

1. **After training** as a doctor he obtained a post in Tübingen.
2. Non-employment may lead to a loss of human capital or to negative signalling effects, **thereby/thus increasing** the probability of unemployment.
3. **A graph showing** the quantities of a commodity demanded at various prices is called a demand curve.
4. **Having completed / after completing his studies in Vienna, he moved to London, where** he began work on his doctoral thesis.
5. **Knowing the rate of** interest available, we can calculate what value any given sum will have at some future date.
6. **When reading** this report we do not gain the impression that the authors have analysed their data with sufficient care.
7. Complex systems have been the focus of attention in many research communities, **producing intriguing results with respect to both structural frameworks and practical algorithms.**
8. A flexible exchange rate removes this barrier by allowing the currency to float downwards as full employment is approached, **thus/thereby preventing a widening** of the gap between imports and exports.

Übung 36

1. Mozart research has, to date, only marginally dealt with Boccherini, which is a matter of some surprise when one considers that as early as the middle of the 19th century, Otto Jahn mentioned Boccherini in his discussion of Mozart's string quintets, **treating Boccherini's quintets only briefly, in a single sentence.**
2. Only group 2 produced a positive response, **suggesting that** the other groups remained unaffected by the change.
3. MEMS sensors can be placed directly at the end-effector, **thus significantly increasing the accuracy, reliability and reproducibility of** the biological manipulation.

Bibliographie

Bachschmidt, P. (1999). Construction de l'argumentation dans l'article de recherche en mécanique, différences entre discours du francophone et de l'anglophone. *ASp* 23-26: 197-208.
Bondi, M. (2009). Representing Historians at Work in Italian and English: Reporting Frameworks in Book Review Articles. In: Hyland, K./Diani, G. (Hrsg.), *Academic Evaluation: Review Genres in University Settings*. Basingstoke: Palgrave Macmillan, 179-196.
Brett, P. (1994). A genre analysis of the results section of sociology articles. *English for Specific Purposes* 13: 47-59.
Bruce, I. (2009). Results sections in sociology and organic chemistry articles: A genre analysis. *English for Specific Purposes* 28: 105-124.
Busch-Lauer, I.-A. (2001). Kulturspezifik in englischen und deutschen Originalarbeiten – Medizin und Linguistik im Vergleich. In: Fix, U./Habscheid, S./Klein, J. (Hrsg.), *Zur Kulturspezifik von Textsorten*. Tübingen: Stauffenburg, 51-68.
Clyne, M. (1987). Cultural Differences in the Organisation of Academic Text. *Journal of Pragmatics* 11: 211-247.
Dudley-Evans, T. (1994). "Genre Analysis: an Approach to Text Analysis for ESP". In: Coulthard, M. (Hrsg.) *Advances in Written Text Analysis*. London: Routledge, 219-228.
Durrant, P. (2008). *High frequency collocations and second language learning*. Dissertation, University of Nottingham. Internet: etheses.nottingham.ac.uk/622/1/final_thesis.pdf. (zuletzt abgerufen am 16.8.2012)
Gallagher, J.D. (1986). English Nominal Constructions. A Problem for the Translator and the Lexicographer. *Lebende Sprachen* 31: 108-113.
Gläser, R. (1990). *Fachtextsorten im Englischen*. Tübingen: Narr.
Gledhill, C. (2000). *Collocations in Science Writing*. Tübingen: Narr.
Gledhill, C. (2009). Colligation and the cohesive function of present and past tense in the scientific research article. In: Banks, D. (Hrsg.), *Les Temps et les Textes de spécialité*. Paris : l'Harmattan, 65-84.
Graefen, G./Thielmann, W. (2007). Der Wissenschaftliche Artikel. In: Auer, P.; Baßler, H. (Hrsg.) *Reden und Schreiben in der Wissenschaft*. Frankfurt a.M.: Campus, 67-97.
Hanania, F.A.S./Akhtar, K. (1985). Verb form and rhetorical science writing : A study of MS theses in biology, chemistry and physics. *English for Specific Purposes* 4: 49-58.
Hartley, J. (2004). Current findings from research on structured abstracts. *Journal of the Medical Library Association* 92: 368-371.
Hinds, J. (1987). Reader versus writer responsibility: A new typology. In: U. Connor and R. Kaplan (Hrsg.), *Writing across languages: Analysis of L2 text*. Reading, MA, Addison-Wesley: 141-152.
Hyland, K. (1999). Academic attribution: Citation and the construction of disciplinary knowledge. *Applied Linguistics* 20: 341-367.
Hutz, M. (1997). *Kontrastive Fachtextlinguistik für den fachbezogenen Fremdsprachenunterricht. Fachzeitschriftenartikel der Psychologie im interlingualen Vergleich*. Trier: Wissenschaftlicher Verlag.
Jaimé-Siso, M. (1993). The New Role of Titles in Research Articles. Vortrag auf dem *5th Systemic Workshop on Corpus-based Studies*. Universidad Complutense de Madrid, 26.-29. Juli 1993.

1 First published in Web Journal of Modern Language Linguistics. © 1999 Bill Dodd.

Kraus, R. (1987). Brief an die Herausgeber. *Lebende Sprachen* 32: 137–138.
Kraus, R. (1999). *Wörterbuch und Satzlexikon; Gemeinsprachlicher Wortschatz in technisch-wissenschaftlichen Texten. Teil 1: Deutsch-Englisch.* Heddesheim: Roland Kraus Verlag Sprache und Technik.
Lim, J. (2006). Method sections of management research articles: A pedagogically motivated qualitative study. *English for Specific Purposes* 25: 282-309.
Ling, L./Evans, S. (2011). Structural patterns in empirical research articles: A cross-disciplinary study. *English for Specific Purposes* 31: 150–160.
Nwogu, K./Bloor, T. (1991). Thematic progression in professional and popular medical texts. In: Ventola, E. (Hrsg.), *Functional and Systemic Linguistics: Approaches and Uses.* Berlin/New York: Mouton de Gruyter, 369-384.
Macheiner, J. (1995). *Übersetzen. Ein Vademecum.* Frankfurt/Main: Eichborn.
Peacock, M. (2002). Communicative moves in the discussion section of research articles. *System* 30: 479-497.
Pektova-Kessanlis, M. (2009). *Musterhaftigkeit und Varianz in linguistischen Zeitschriftenaufsätzen. Sprachhandlungs-, Formulierungs-, Stilmuster und ihre Realisierung in zwei Teiltexten.* Frankfurt a.M.: Lang.
Perry, M. (2011). *Western Civilization: A Brief History,* Volume 1: To 1789. Boston: Wadsworth.
Sager, J./Dungworth, D./McDonald, P.F. (1980). *English special languages: Principles and practice in science and technology.* Wiesbaden: Brandstetter.
Sampson, G. (2005). *The 'Language Instinct' Debate.* London/New York: Continuum.
Siepmann, D. et al. (2011). *Writing in English: A Guide for Advanced Learners* (2. Auflage). Tübingen: Narr.
Siepmann, D. (2012). Die Wörterbuchrevolution – welchen Nutzen haben Online-Wörterbücher für die Schule? Erscheint in: *Der fremdsprachliche Unterricht Englisch.*
Soler, V. 2007. Writing titles in science: An exploratory study. *English for Specific Purposes* 26: 90-102.
Springer, P. (2012). *Advanced Learner Writing: a corpus-based study of the discourse competence of Dutch writers of English in the light of the C1/C2 levels of the CEFR.* Oisterwijk: Uitgeverij BOXpress.
Stork, A. (2003). Vokabellernen. Eine Untersuchung zur Effizienz von Vokabellernstrategien. Tübingen: Narr.
Swales, J. (1990). *Genre Analysis: English in Academic and Research Settings.* Cambridge: Cambridge University Press.
Swales, J./Feak, C. (1994/2004). *Academic Writing for Graduate Students.* Ann Arbor: University of Michigan Press.
Thielmann, W. (2009). *Deutsche und englische Wissenschaftssprache im Vergleich. Hinführen – Verknüpfen – Benennen.* Heidelberg: Synchron.
Trumpp, E.C. (1998). *Fachtextsorten kontrastiv. Englisch - Deutsch - Französisch.* Tübingen: Narr.
Williams, I. (1996). A contextual study of lexical verbs in two types of medical research report: clinical and experimental. English for Specific Purposes 15/3: 175-197.
Williams, I. (1999). Results sections of medical research articles: Analysis of rhetorical categories for pedagogical purposes. *English for Specific Purposes* 18: 347–366.